한나 아렌트
어두운 시대의 삶

지은이 앤 C. 헬러 (Anne C. Heller)

〈에스콰이어〉를 비롯한 유명 잡지의 편집기획자이자 논픽션 작가이다. 미국의 러시아계 소설가이자 철학자로서 1960~70년대 미국 문화계를 뒤흔들었던 아인 랜드(Ayn Rand, 1905~1982)의 전기 『아인 랜드와 그녀가 만든 세계』를 써서 논픽션 작가로 인정을 받았다.

이 책 『한나 아렌트, 어두운 시대의 삶』은 2013년 미국 아마존출판사에서 "짧은 평전 시리즈"로 기획한 〈아이콘스〉 시리즈 중 한 권이다. 앤 C. 헬러는 이 날카롭고 압축적인 전기를 통해 한나 아렌트가 지닌 탁월한 재능과 복잡해 보이는 모순의 근원, 그리고 빛나는 저술들의 배경 등을 추적했다. 특히 그녀의 삶에서 가장 큰 논란거리이자 유명세를 치르게 된 『예루살렘의 아이히만』, 그녀의 사후에야 비로소 알려진 마르틴 하이데거와의 내밀한 관계, 파시즘과 대량 학살의 반정치적 행태를 분석한 『전체주의의 기원』 등, 한나 아렌트의 사적 역사와 지적 탐험을 드라마틱하게 묘사하고 있다.

옮긴이 정찬형

연세대학교 학부, 고려대학교 대학원에서 정치외교학을 전공했고, 미국 콜로라도대학교에서 경영학 석사(MBA)를 취득했다. 옮긴 책으로는 『미스터리를 쓰는 방법』(미국추리작가협회), 『오른쪽 주머니에서 나온 이야기』, 『왼쪽 주머니에서 나온 이야기』(이상, 카렐 차페크), 『에드거 앨런 포, 삶이라는 열병』(폴 콜린스) 등이 있다.

한나 아렌트
어두운 시대의 삶

앤 C. 헬러 지음 / 정찬형 옮김

한나 아렌트
어두운 시대의 삶

초판 1쇄 인쇄 2021년 4월 19일
초판 1쇄 발행 2021년 5월 1일

지은이 앤 C. 헬러
옮긴이 정찬형
펴낸이 정순구
책임편집 조원식
기획편집 정윤경 조수정
마케팅 황주영

출력 블루엔
용지 한서지업사
인쇄 한영문화사
제본 대원바인더리

펴낸곳 (주) 역사비평사
등록 제300-2007-139호 (2007.9.20)
주소 10497 : 경기도 고양시 덕양구 화중로 100(비전타워21) 506호
전화 02-741-6123~5
팩스 02-741-6126
홈페이지 www.yukbi.com
이메일 yukbi88@naver.com

한국어판 출판권 ⓒ 역사비평사, 2021
ISBN 978-89-7696-645-2 03990

차례

참으로 나는 어두운 시대에 살고 있다.

천진한 말은 어리석은 짓.

매끈한 이마는 무감각한 마음을 보여주는 것.

웃고 있는 자,

아직 끔찍한 일을 듣지 못했기 때문이다.

— 베르톨트 브레히트, 「후손들에게」
한나 아렌트의 『어두운 시대의 사람들』 서문에서 재인용

일러두기

1. 서명은 『　』, 편명이나 기사는 「　」, 신문과 잡지는〈　〉로 표기했다.

2. 본문에서 팔호 안에 추가로 설명을 한 부분은 지은이의 것이다.

3. 각주는 옮긴이와 편집자의 것이다.

에른 정권의 아이들

1961~1963

다른 사람들하고 잘 어울리고 '우리'라고 즐겨 말하는 사람들이
가장 끔찍한 범죄를 저지른다.

— 한나 아렌트, 요하임 페스트와의 인터뷰, 1964년.

아돌프 히틀러의 최종 해결책[1] 집행에 기여한 전직 나치 친위대
장교로 오랜 도피 생활 끝에 체포된 아돌프 아이히만[2]의 재판에 관
해 한나 아렌트가 책 한 권 분량의 긴 보고서를 발간했을 때, 그녀는
자신의 책에 대한 세상의 반응에 큰 충격을 받았다.

"사람들은 수단과 방법을 가리지 않고 나를 공격해댔다."

그녀는 자신의 책 『예루살렘의 아이히만 : 악의 평범성에 관한 보
고서』가 출판된 지 얼마 지나지 않아 친구인 카를 야스퍼스[3]에게 쓴
편지에서 이렇게 말했다.

"그들은 심지어 공격거리를 찾아 내 과거를 샅샅이 뒤지기까지

---

1 나치 독일이 '유대인 문제에 대한 최종 해결책'으로 입안한 유대인 말살 정책이었다.
2 1906-1962. 1960년 5월, 이스라엘 정보기관 모사드에 체포되어 공개 재판을 받은 뒤, 1962년 6월
   1일에 교수형에 처해졌다.
3 1883-1969. 마르틴 하이데거와 함께 독일 실존철학을 창시했다. 한나 아렌트의 스승이자 친구였
   다.

했다."

명예훼손 반대 동맹[4]을 포함한 유대인 단체들, 그녀가 자주 기고를 했던 영향력 있는 잡지의 편집인들, 큰돈은 아니지만 그녀에게 생활비를 벌게 해주었던 대학의 동료 교수들, 그리고 그녀가 인생의 모든 시기에서 사귀었던 친구들이 일제히 아이히만에 대한 그녀의 견해에 반대하고 나섰다. 사람들은 '인류 역사상 가장 사악한 존재'인 아이히만에 대해 '놀라울 정도로 몹시 정상적인 사람'이라고 진단을 내리는 그녀를 이해하지 못했다. 그녀가 나치 시대 유럽의 유대 지도자들(그들 중 상당수는 아직 생존해 있었으며, 사람들의 존경을 한 몸에 받고 있었다.)을 ("거의 예외 없이") 아이히만에게 협조하여 동료 유대인들을 아우슈비츠나 트레블린카, 그리고 첼름노로 보낸 원흉이라고 묘사한 데 대해 많은 사람들이 격분했다. 불과 몇 개월 전만 해도 영민하고 창의적이며 휴머니즘이 넘치는 정치사상가로 칭송받았던 아렌트는 이제 오만하고 무지하며 비정한 인물인 아이히만에게 속은 얼치기이자 이스라엘의 적, 그리고 "자기 증오에 빠진 유대인"으로 공격받기에 이르렀다.

"이론적이거나 학문적인 포장 없이 단순히 사실에 입각해서 진실을 말하는 것은 정말로 위험한 일이 아닐 수 없다."

자신의 가장 친한 친구이자 열렬한 지지자였던 메리 매카시[5]에

---

4 유대인에 대한 명예훼손에 대응할 목적으로 1903년 미국에서 만들어진 단체였다.
5 1912-1989. 미국 소설가로 여덟 명의 상류계급 여성들의 생활을 추적한 소설 『그룹』으로 세계적인 명성을 얻었다.

게 쓴 편지에서 아렌트는 이렇게 주장했다. 하지만 아렌트가 쓴 책이 문제가 된 것은, 평범한 남자와 여자가 개인적인 증오나 극단적인 이념이 아니라 단지 중산계층의 소박한 야망과 공감 능력의 부족 때문에 아무 거리낌 없이 나치가 운영하는 멸절수용소의 기계를 작동시켰으며, 희생자들도 극단적인 상황에 몰리자 스스로를 속이고 상황을 받아들였다는 그녀의 이론 때문이었다. 책은 미국 지식인 사회에 엄청난 논쟁을 불러일으켰다. 최고조에 달했던 그녀의 명성은 치명상을 입었고, 그녀의 전설에 암운이 드리워졌다.

1961년 4월 11일, 세상의 폭발적인 관심을 받으며 예루살렘에 마련된 임시 법정에서 아이히만의 재판이 열리던 날, 한나 아렌트는 기자석에 앉아 있었다. 이스라엘은 수립된 지 이제 불과 13년밖에 되지 않은 나라였다. 이스라엘에는 이 역사적 재판을 보기 위해 몰려든 사람들을 수용할 만큼 큰 법정이 없었다. 결국 재판은 새로 생긴 공연장인 '민중의 전당'에서 열렸다. 하지만 750명을 수용할 수 있는 '민중의 전당'으로도 재판에 대한 사람들의 관심을 담아내기에는 역부족이었다. 처음으로 재판이 열리는 날, 36개국에서 날아온 7백 명의 기자들을 포함해서 수많은 정치가들과 명망가들, 법학자들, 이스라엘 시민들, 유럽 각국의 멸절수용소에서 살아남은 생존자들, 역사학자들, 그리고 관광객들이 악명 높은 나치 당원의 얼굴을 잠깐이라도 보기 위해 구름처럼 법정으로 몰려들었다. 아렌트는 매거진 〈더 뉴요커〉에 할당된 기자석에 앉아 있었다. 아렌트의 옆에는 이스라엘에서 자란 그녀의 사촌 조카 에드너 브록이 자리하고 있었다. 한

때 서로 소원하게 지냈던 두 사람은 벌써 며칠째 함께 움직이고 있었다. 아렌트 주변에는 전직 종군기자 출신인 〈애틀랜틱 먼슬리〉의 마사 겔혼[6]이 무언가를 열심히 적고 있었고, 미국의 유대어 잡지인 〈쥬이쉬 데일리 포워드〉에 고용된 엘리 위젤의 모습도 눈에 띄었다. 기자석에는 〈뉴욕 타임스〉, 〈슈피겔〉, 〈워싱턴 포스트〉 등의 기자들과 함께 리버풀 출신의 전 영국 육군 부-법무감 로드 러셀과 옥스퍼드 대학 교수인 휴 트레버 로퍼도 자리를 잡고 있었는데, 두 사람은 모두 〈런던 선데이 타임스〉를 위해 일하고 있었다. 법정 바닥에는 각국의 시청자들을 위해 재판을 텔레비전으로 생중계하거나 비디오테이프에 녹화하기 위한 케이블과 전선들이 어지럽게 널려 있었다. 진술 내용들은 매일같이 기록되어 독자들의 손에 전달되었다. 나중에 아렌트를 비판하는 사람들은 그녀가 실제 법정에는 몇 번 나오지 않은 상태에서 지나치게 비디오테이프와 진술서에만 의존했다고 주장했다. 실제로 그녀는 모두 다섯 달에 걸쳐 진행된 재판 기간 중 5~6주 동안만 예루살렘에 머물렀다. 하지만 다른 곳에서 예루살렘을 오가면서 재판을 취재한 것은 다른 사람들도 마찬가지였다. 그리고 대다수의 사람들은 오직 텔레비전만으로 재판을 지켜봤다.

첫 재판이 열리던 날, 주심 판사가 아이히만의 기소장을 낭독했다. 죄목은 열다섯 가지에 달했다. 이 "반유대적일 뿐만 아니라 반인류적인 범죄들"에는 1938년 11월에 자행된 야만적인 크리스탈나흐

---

6 1908-1998. 〈애틀랜틱 먼슬리〉 기자이자 소설가였고, 헤밍웨이의 3번째 부인이었다.

트 프로그램[7]을 필두로 1938년에서 1945년까지 아이히만이 독일과 주축국들,[8] 그리고 독일에 점령당한 나라들에 살고 있던 무수한 유대인들에게 저지른 강제 이주와 학살의 범죄들이 망라되어 있었다. 기소문에는 아이히만과 "다른 일당들"이 대량 살상의 목적으로 만든 강제수용소 명단과 그곳에 보내진 유대인들의 대략적인 숫자, 그리고 수용소가 운영된 기간 등이 열거되어 있었다. 기소문 낭독이 끝나갈 무렵 기소 내용을 이해했는지 질문을 받은 아이히만은 재판 시작 뒤 처음으로 입을 열었다.

"네, 분명히 이해했습니다."

독일어로 짤막하게 답변한 아이히만은 곧이어 기소 내용을 인정하느냐는 질문이 이어지자 "자신은 무죄"라고 답변했다.

아이히만 재판에 대한 세간의 관심은 거의 병적일 정도였다. 오늘날의 O. J. 심슨 재판에 비견될 만큼 사람들은 아이히만 재판에 열광했다. 여기에는 그럴 만한 이유가 있었다. 제2차 세계대전이 끝나자 수백 명의 전직 나치 장교들이 각국의 우익 정부들과 파시스트 지지자들의 도움을 받아 전 세계 각지에 숨어 살고 있다는 소문이 돌았다. 아이히만과 악명 높은 그의 보스들(하인리히 힘러[9]가 지휘하는 불법 무장 단체로, 유럽 내 유대인들의 완전한 말살이라는 히틀러의 계획을 실행

---

7 1938년 11월 9일, 나치 대원들이 독일 전역의 수만 개에 달하는 유대인 가게를 약탈하고 250여 개의 유대교 사원에 방화를 한 사건이었다. 밤새 파괴된 유리창의 파편들이 수정처럼 반짝거리며 거리를 가득 메웠다고 해서 '수정의 밤'이라고 불렸다.
8 제2차 세계대전 당시 연합국에 대항하여 싸웠던 나라들을 가리킨다.
9 1900~1945. SS로 약칭되는 나치 친위대 국가 지도자였다.

에 옮겼던 나치 친위대의 고급장교들)은 실종되거나 혹은 살해되었으며, 힘러의 경우는 스스로 목숨을 끊었다. 이로 인해 1945년과 1946년에 열린 역사적인 뉘른베르크 전범 재판에서 이들은 기소되어 재판을 받는 신세를 면할 수 있었고, 결과적으로 6백만 명이나 되는 유대인 남녀와 어린아이의 목숨을 앗아간 역사상 전무후무했던 대량 학살에 대해 뉘른베르크는 물론, 뒤이어 설치된 각종 재판소에서도 철저한 사실 규명 및 법의 심판은 이루어지지 못했다. 하지만 이제 예루살렘에 마련된 재판정에 아이히만을 앉혀 놓는 데 성공했고, 또한 최초로 강제수용소에서 살아남은 생존자들의 증언을 듣는 자리까지 마련함으로써 드디어 유대인 학살의 전모를 밝힐 수 있게 된 것이다. 이제 막 출범한 젊은 국가인 이스라엘은 적어도 그렇게 기대하고 있었다.

또 다른 이유로는 일 년 전인 1960년 5월에 이스라엘 비밀 정보국이 벌인 한 편의 드라마 같은 작전 때문이었다. 그들은 아르헨티나의 한 은신처에 숨어 지내던 아이히만에게 접근하여 진정제를 주사한 뒤 예루살렘으로 납치하는 매우 극적이면서도 초법적인 작전을 수행했는데, 이에 대해 전 세계 여론은 환호하는 측과 비판하는 측으로 나뉘어 재판이 열리기 몇 달 전부터 열띤 토론을 벌여 왔던 것이다.

하지만 무엇보다 아이히만의 재판이 아렌트를 포함한 대다수 사람들의 관심을 사로잡은 결정적인 이유는 높이 솟은 판사석 바로 아래, 신변 보호를 위해 사방을 방탄유리로 에워싸서 만든 피고석에 앉아 있는 아이히만의 미스터리한 이미지 때문이었다. 마른 몸매에 머리는 벗겨지고 안경을 쓴 아이히만은 감기라도 걸렸는지 코를 연신 훌쩍이고 있었다. 꼭 다문 얇은 입술 때문에 약간 고집스럽게 보이기도 했지만, 전체적으로 자칭 지배자 민족의 대표라기보다는 아렌트가 카를 야스퍼스에게 보내는 편지에서 적절하게 묘사한 것처럼 "감기에 걸린 유령"과도 같은 모습이었다. 나치 비밀경찰인 게슈타포의 유대인 담당 과장이자 힘러가 지휘하는 잔혹한 나치 친위대에서 중간 간부인 중령으로 근무했던 아이히만은 1960년대 초 전 세계 사람들이 눈에 불을 켜고 찾고 있던 악명 높은 지명수배범이었다. 당시 이스라엘과 미국의 언론에서는 아이히만을 "피에 굶주린" 괴물이자 나치가 자행한 전무후무한 대학살을 완곡하게 부르는 표현인 "유대인 문제에 대한 최종 해결책"을 앞장서 입안하고 실행한 인물로 규정하고 있었다. 하지만 아이히만에 대한 이런 시각은 뒤에 아렌트와 다른 사람들이 분명하게 밝혔듯이 전적으로 믿을 만한 것은 되지 못했다.

하지만 재판 초기에는 모든 사람들이 빈혈 환자처럼 보이는 아이히만을 사악한 악마로 부르는 데 주저함이 없었다. 아렌트는 『예루살렘의 아이히만』에서 고등학교를 중퇴한 데다 배큠 정유 회사의 방문판매 사원으로도 성공하지 못했던 아이히만을 유복한 중산층 가정에서 태어난 문제아였다고 기록했다. 물론 여기에도 이견이 있다. 베티나 슈탕네트라는 독일 역사학자가 아이히만의 집안이 중산층이 아니었다고 주장하면서, 좋은 집안에서 태어난 골칫거리라는 아이히만의 이미지에 의문을 제기했기 때문이다. 아이히만은 그를 심문했던 이스라엘 조사관에게 자신이 히틀러가 권력을 잡기 일 년 전인 1932년에 독일 나치당에 가입했다고 말했다. 평소에 가족끼리 알고 지내던 한 저명한 나치당원의 권유말고는 특별한 입당 이유가 없었다. 나치당 합류 뒤 얼마 지나지 않아 아이히만이 판매 사원에서 해고되자, 입당을 권유했던 에른스트 칼텐 브루너는 그에게 유급 일자리를 주선해주었다. 보안경찰 내 엘리트 친위부대원 자리였다. 친위부대원이 된 아이히만은 몇 년 지나지 않아 자신이 복잡한 행정적인 문제의 조율과 같은 대규모 관료 조직 생활에 필요한 재능을 타고났다는 것을 깨닫게 된다. 1930년대 말에 게슈타포의 수장이었던 라인하르트 하이드리히[10]와 하인리히 힘러의 눈에 든 아이히만은 친위부대 내 별 볼 일 없는 자리에서 독일과 중부 유럽에 거주하는 유대인들을 폴란드의 강제수용소와 멸절수용소로 실어 나르는 수송망을 운영하고 감독하는 책임자로 승진한다. 나치가 임명한 현지 유대인 평의회와 협력적인 관계를 구축하고 죽음의 수용소로 보내진 희생자들이 두고 떠난 막대한 현금과 재산들을 분류하여 베를린으로 보내는 것도 그의 임무였다. 1945년 미군에 체포되었지만 가명으로 신분을 위장하여 포로수용소를 빠져나온 아이히만은 독일 북부 지방을 시작으로 아르헨티나 부에노스아이레스 외곽의 허름한 시골집에서 막을 내리기까지 장장 13년 동안 도피 행각을 이어 나갔다. 리카르도 클레멘트라는 이름으로 신분을 위장한 아이히만은 아

---

10 1904-1942. 게슈타포 및 SS 보안 방첩부의 수장이었다. '프라하의 도살자', '피에 젖은 사형 집행인' 등으로 악명이 높았다.

르헨티나에서 유압 기술자, 토끼 사육사, 세탁업자, 정비공, 그리고 한 가정의 남편과 아버지로 10년간 살았다. 하지만 아이히만은 도피 중인 다른 나치 전범들과 연락을 주고받으며 과거의 '위업'에 대해 얘기하는 것을 좋아했다. 또한 그가 1952년 독일에서 불러들인 아내와 자식들이 여전히 아이히만이라는 이름을 사용하고 있었던 것도 문제였다. 이를 단서로 끈질긴 조사를 펼친 이스라엘 비밀 정보국은 리카르도 클레멘트가 아이히만이라는 사실을 확신하고 그를 아르헨티나에서 이스라엘로 납치하여 방탄유리로 에워싼 법정 피고석에 앉힐 수 있었다.

"나는 기꺼이 웃으면서 죽을 수 있을 것 같다. 5백만 유대인을 처리한 내 인생이 더없이 만족스럽기 때문이다."

아이히만이 과거 그의 나치 부하와 동료에게 자랑스럽게 얘기하던 내용이 재판이 열리기 직전 〈라이프 매거진〉에 보도되었고, 방송을 통해서 전 세계에도 알려졌다. 폴란드 태생의 이스라엘 검사인 기드온 하우스너가 기자들에게 말했던 것처럼, 아이히만은 "반도덕적인 괴물"로 사람들의 뇌리에 각인되었다. 하지만 법정에서 아렌트와 다른 많은 기자들을 기다리며 아이히만의 모습을 살펴본 마사 겔혼은 의아함을 감출 수 없었다. 어떻게 "저런 가느다란 목과 좁은 어깨, 그리고 신기할 정도로 파충류를 닮은 눈을 가진 조그마한 남자"가 그런 "상상하기 힘든 일을 일말의 부끄러움도 없이 계획적으로" 저지를 수 있었단 말인가? 아렌트는 그런 의문에 해답을 제시할 수 있는 최고의 적임자였다.

그해 봄 54세가 된 아담한 키의 아렌트는 끊임없이 피워대는 줄 담배와 왕성한 저술 활동으로 잘 알려진 지식인이었다. 독일 사회에 동화된 중산계층 유대인 부모 밑에서 나고 자란 그녀는 독일 문학과 고대 그리스어는 물론 고대 및 현대 철학 분야에서도 친구이자 스승인 카를 야스퍼스와 카리스마 넘치는 마르틴 하이데거[11] 같은 바이마르 시대의 위대한 사상가들의 지도하에 훌륭한 교육을 받았다. 일찍부터 나치의 위험성을 간파한 그녀는 1933년 파리로 도피했으며, 나중에는 미국으로 건너가 비유대계 독일인 하인리히 블뤼허[12]와 결혼해 함께 뉴욕에 정착했다. 그곳에서 아렌트는 한스 모겐소,[13] 한스 요나스,[14] 폴 틸리히,[15] 라이오넬[16] 및 다이애나 트릴링 부부, 알프레드 케이진,[17] 로버트 로웰,[18] 메리 매카시 같은 저명한 지식인 친구들과 유쾌한 토론을 벌이며 한가로운 나날을 보냈다. 그녀는 활발한 집필 활동으로 구겐하임 펠로우십[19](1952년)과 독일의 함부르크 자유시가 수여하는 레싱상(1959년) 등 다수의 상을 받았다. 하지만 그녀를 세상에 가장 널리 알리고 또 존경받게 만든 작품은 1951년에 출간된 『전체주의의 기원』이었다. 정치사를 다룬 이 위대한 역작에서 그

---

11 1889-1976. 카를 야스퍼스와 함께 독일 실존철학을 창시했다. 『존재와 시간』, 『형이상학이란 무엇인가』 등의 저술이 있다.
12 1899-1970. 독일 시인이자 한나의 두 번째 남편이었다.
13 1904-1980. 독일계 미국인으로 국제정치학자였다.
14 1903-1993. 독일계 유대인 철학자로, 영지주의와 환경 문제를 주로 다뤘다.
15 1886-1965. 독일의 신학자이자 루터교 목사였다. 나치와 대립해서 미국으로 망명했다.
16 1905-1975. 미국계 유대인 작가 겸 평론가였다.
17 1915-1998. 미국계 유대인 작가였다.
18 1917-1977. 미국 시인으로 『인생 연구』(1959)로 전미 도서상을 받았다.
19 미국의 사업가이자 상원의원인 사이먼 구겐하임(1867-1941)이 1921년에 만든 구겐하임 기념재단에서 뛰어난 업적을 성취한 학자 및 예술가에게 수여하는 상이다.

녀는 20세기에 나타난 나치즘과 스탈린주의라는 두 전체주의 체제의 발흥을 추적해서 연구하는 한편, 이런 전체주의 체제를 만든 사람들과 그들 밑에서 기꺼이 살인 공장을 운영했던 사람들의 동기를 분석했다. 아렌트는 이런 사람들과 그들의 목적에 대해 임마누엘 칸트가 만든 용어를 이용하여 "근본적으로 악하다."라고 설명했다. 이들이 인간을 단지 체제 유지를 위한 군인이나 살인 공장의 희생물로만 바라보고 각자의 개성을 "잉여"의 것으로 만들었기 때문이다.

아렌트는 처음부터 아이히만 재판을 통해 자신의 이론을 검증하겠다는 생각을 갖고 〈더 뉴요커〉지에 접근했다. 그녀는 자신이 비록 몸은 멀리 떨어져 있더라도 언제나 깊은 관심을 갖고 지켜보고 있던 나치 폭력배들(『전체주의의 기원』에 묘사된 대로 대의를 위한 역할을 맡기를 열망하는 개탄스러운 "대중사회의 인간들"이자 "파편화된 사회의 고립된 개인들") 중 한 명에게 어떤 정의의 벌이 내려질지 직접 눈으로 보고 싶어했다.

"내가 얼마나 일찍이 독일을 떠났는지, 그리고 내가 나치 정권에 대해 직접 경험한 것이 얼마나 적은지 잊지 마세요."

그녀는 카를 야스퍼스에게 편지를 보내 〈더 뉴요커〉의 특파원으로 아이히만 재판을 취재하고 싶다는 자신의 열망을 털어놓았다. 스위스에 살고 있던 노철학자는 즉각 의구심을 가득 담은 경고의 회신을 그녀에게 보내왔다.

"아이히만 재판을 지켜보는 것은 힘든 일이 될 것이오. 재판이 잘 진행될 수 있을지 걱정이오."

그는 피고가 자신을 적극적으로 변호하는 대신, 이렇게 말해버리는 상황을 맞게 되지 않을까 우려했다.

"내가 이 자리에 서 있는 이유는 간단합니다. 독수리도 영리한 사냥꾼의 손에 떨어질 수 있기 때문입니다."

그렇게 되면 지금은 잠시 몸을 움츠리고 있지만 여전히 강력한 힘을 가진 반유대주의 세력이 순교자를 얻을 수도 있었다. 야스퍼스는 이제 막 탄생한 힘없는 이스라엘이 납치와 재판에 따른 후폭풍으로 정치적인 어려움을 겪지 않을까 걱정했으며, 재판 과정에서 발생할 복잡한 역사적·정치적·법적 논쟁으로 인해 인간의 단순한 지혜로는 이해할 수 없는 일이 벌어질 수 있다고 경고했다.

"앞으로 듣게 될 말들이 당신을 우울하게 만들고 또 분노하게 할 것입니다."

그녀는 재판의 잠재적 위험성에 대한 야스퍼스의 의구심에 충분히 공감했다. 하지만 결국 아렌트는 그에게 다음과 같이 회신했다.

"만약 이스라엘로 가서 이 걸어 다니는 재앙거리(아이히만)를 직접 눈으로 보지 못한다면 나는 스스로를 용서할 수 없을 것 같습니다."

아렌트는 미국과 유럽에서처럼 예루살렘에서도 유명인사였다. 그녀는 오랜 친구이자 독일 시온주의자 연맹의 전 의장인 쿠르트 블루멘펠트,[20] 사촌 조카인 에드너 브룩의 가족들, 그리고 이스라엘의

20 1884-1963. 시온주의자로 한때 한나 아렌트의 정치적 멘토였다.

고위 관리들과 함께 저녁 시간을 보냈다. 그녀와 블루멘펠트는 아이히만 재판의 주심 판사인 모세 란도와도 사적인 만찬을 가졌다. "독일 판사들 중에 최고"이며 "경이로운 사람"으로 불리던 란도 판사는 지금껏 기자들과는 만남을 회피하던 인물이었다. 아렌트는 당시 이스라엘의 외무장관이었던 골다 메이어와 늦은 밤까지 자리를 함께하고, 자신이 존중해마지 않던 미국 헌법처럼 이스라엘도 정교분리 및 모든 사람의 동등한 권리를 보장하는 국가 헌법을 만들어야 한다고 역설하기도 했다.

아렌트는 자신이 아이히만 재판을 통해 도덕적 원칙을 찾아낼 수 있는 능력이 있다고 굳게 믿었다. 그녀는 아이히만 납치나 당시 논란이 많았던 독일인 전범에 대한 이스라엘의 재판권 같은 문제는 특별히 문제 삼지 않았다. 그녀가 단 하나 강력하게 반대한 것은 아이히만 재판에 대한 데이비드 벤-구리온 이스라엘 수상의 생각이었다. 당시 벤-구리온은 전 세계 언론을 대상으로 아이히만 재판이 세 가지 목적(어떤 전쟁범죄보다도 잔혹했던 유대인 학살에 대한 영구적인 기록을 남기는 것, 그가 "나치의 제자들"이라고 규정한 이웃 아랍 국가들에 대해서는 적대적이면서 이스라엘에게는 우호적인 국제 여론을 이끌어내는 것, 그리고 늦게 태어나서 히틀러를 알지 못하지만 최근 두 차례 국지전에서 이스라엘 군대가 승리하는 것을 목격한 이스라엘 청년들에게 그들의 부모 세대가 나치 학정에 좀 더 강력하게 저항하지 못한 이유를 알려주는 것) 아래 진행되는 "여론 형성용 재판"이 될 것이라고 자랑스럽게 얘기하고 다녔다. 아렌트가 우려한 것은 벤-구리온의 재판 목적말고도 더 있었다. 그녀는 야스퍼스에게 보낸 편지에서 다행히 재판이 잘 진행되더라도 걱정되는 것이 있다고 말했다.

"나는 아이히만이 유대인을 원한 나라는 어디에도 없었다는 것(바로 벤-구리온은 좋아하지만 나는 재앙처럼 생각하는 시온주의자들의 선전 내용)과 유대인 학살이 가능했던 데는 유대인 스스로도 기여한 바가 크다는 사실을 입증하지 않을까 우려됩니다."

하지만 나중에 밝혀진 바와 같이 유대인 학살을 방조하거나 도운 유대인 스스로의 책임에 대해서 관심을 가진 것은 아렌트뿐이었다. 그녀는 오랫동안 벤-구리온을 못마땅하게 생각해왔는데, 유대인을 항거 불능의 불쌍한 희생자로만 보는 시각에 대해서는 그보다 훨씬 더 오래전부터 강한 반감을 갖고 있었다.

그 밖의 점에 대해선 아렌트는 물론 야스퍼스도 걱정할 필요가 없었다. 아이히만은 놀랄 정도로 교활한 방어 논리를 준비했지만 변론을 먼저 시작한 것은 검찰 측이었고, 그들의 주장은 아렌트가 예상한 것보다 훨씬 더 길고 화려한 수식어들로 무장되어 있었다.

아이히만을 세상에서 가장 섬뜩한 인물로 묘사하기 위해 동원된 각종 수사에도 불구하고, 기드온 하우스너 검사의 변론 요지는 단순했다. 하우스너는 피고가 이집트의 파라오 시대로부터 시작되어 핍박받은 사람들을 보호하고 무장할 권리를 갖춘 이스라엘이라는 독립국가가 세워진 작금(아렌트는 이런 주장이 자신과 같은 해외 거주 유대인에게 이스라엘 정책을 지지하지 않는다면 안전을 보장받지 못할 것이라고 위협하는 술책이라고 분개했다.)에 이르기까지 오랜 기간에 걸쳐 일관

되게 유대인을 파괴하고 학살하여 종국에는 멸망시키기를 꿈꾸어 온 잔인하고 광적인 반유대주의자들의 일원이라고 주장했다. 그는 비록 아이히만이 직접 학살을 저지른 주범으로 기소되지는 않았지만, 나치 친위부대의 유대인 담당과 책임자로서 "유대인 소멸 계획의 집행 책임자"였던 아이히만이 징기스칸과 아틸라 더 훈(Attila the Hun),[21] 그리고 이반 더 테러블(Ivan the Terrible)[22]처럼 야만과 폭력의 음울한 상징과도 같은 역사적 인물들보다 더 개탄스런 만행을 유대인들에게 자행했다고 일갈했다. 대학살이 자행되고 있는 순간에 어쩌면 아이히만은 자신의 사무실 책상 의자에 앉아 있었을 수도 있다. 하지만 그럼에도 불구하고 그는 대량 살육을 저지른 살인자였다.

하우스너는 이렇게 선언했다.

"가스실을 작동시킨 것은 (그의) 명령이었다. 그가 전화기를 집어 들면 철도 차량이 죽음의 수용소를 향해서 출발했다."

그는 "책상 뒤에 앉아 수많은 생명을 앗아 가는 끔찍한 살인 재주를 부리는" 새로운 종류의 학살자였다. 하우스너는 하이이만을 20세기가 낳은 "책상 뒤의 살인자"(하우스너의 작명이었지만 뒤에 아렌트가 붙인 것으로 오해받기도 했던 이름)로 부르며, 그를 잔인하기 이를 데 없는 악마 같은 존재로 부각시켰다. 마지막으로 하우스너는 대서양에서 에게해 연안에 이르는 모든 유대인 대학살에 대해 피고가 책임을 저

---

21 유럽을 정복한 훈족의 지도자로 유럽인들에게 공포의 대명사로 불린 인물이다.
22 러시아 역사상 최대의 폭군으로 불리는 이반 4세의 별칭이다.

야 한다고 못박으며 자신의 변론을 마쳤다. 뒤에 아렌트는 그가 반유대주의라는 괴물을 소환하여 한껏 과장함으로써 "그의 주인(벤-구리온 수상)에게 최고의 충성심을 보여줬다."라고 당시의 상황을 경멸 어린 투로 묘사했다.

하우스너의 증거는 광범위하고 매우 자세했지만 상당수는 요점을 벗어난 것들이었다. 아이히만이 독립적인 의사 결정 권한과 살인 의도를 갖고 있었다는 명확한 증거도 부족했다. 피고는 자신이 유럽 6개국에서 이루어진 유대인 수송에 책임이 있다는 것을 인정했다. 마찬가지로 그는 늦어도 1942년쯤에는 자신이 수송을 명령했던 사람들의 운명을 알게 되었다는 분명한 암시와 함께, 아우슈비츠를 포함한 동부 유럽에 있는 살인 수용소들을 직접 방문한 사실도 인정했다. 하지만 그는 정책 결정이나 수용소 운영과 관련한 자신의 역할에 대해서는 격렬하게 부인했다. 피고가 거짓말을 하고 있다는 사실을 밝히고 싶었던 하우스만은 뉘른베르크 재판 과정에서 수집된 수천 건의 서류들과 선서를 받은 증언을 활용했다. 하우스너는 아이히만이 과거에 유대인에게 개인적인 폭력과 보복을 행사한 사례를 확보하여 그가 반유대주의 이념의 신봉자라는 사실을 입증하길 희망했다. 하지만 하우스만의 의도는 단지 부분적으로만 달성되었다. 봐야 할 서류들은 점점 늘어만 갔고, 해석의 여지도 너무 많았다. 뉘른베르크에서 이루어진 증언들도 신빙성이 떨어졌다. 아이히만이 없는 상태에서 열린 재판이었기 때문에 체포된 그의 동료들이 모든 죄를 아이히만에게 떠넘기고 자신들은 무죄라고 주장했던 것이다.

5월 1일을 기점으로 하우스너는 아렌트가 탐탁하게 여기지 않았던 새로운 방안을 시도했다. 거의 100여 명에 이르는 나치 멸절수용소 생존자들을 증언대로 불러낸 것이다. 그들은 대부분 고령이거나 몸이 아픈 사람들이었다. 물론 그들의 생생한 증언 덕분에 강제 행군과 기아, 독가스와 대량 살육 같은, 나치 일당이 그들의 "인질과 먹잇감"에게 자행한 정신적·육체적 만행이 문명사회 시민들의 가슴속에 깊이 각인되긴 했다. 하지만 그들 중 전쟁 기간 동안 아이히만을 직접 보거나 그의 이름을 들어본 사람은 존재하지 않았다. 아이히만에게 불리한 직접적인 증거를 갖고 있는 사람도 없었다. 『예루살렘의 아이히만』에 따르면 66차례의 재판 기일 동안 계속된 그들의 증언은 실제 재판에는 "어떤 분명한 영향"도 미치지 않았다. 하지만 그들의 증언은 벤-구리온의 세 가지 목적을 달성하는 데 모두 도움이 되었다. 그들의 증언으로 나치 일당이 유럽의 유대인에게 저지른 범죄의 기록이 만들어졌고, 저항이 헛된 일이었다는 사실도 분명하게 밝혀졌다. 또 아렌트가 야스퍼스에게 쓴 편지에서 불평한 대로 그들은 전 세계 유대인이 "순한 양처럼 스스로를 학살의 구렁텅이에 밀어넣는 상황"을 막아줄 수 있는 것은 이스라엘뿐이라는 사실을 여러 사례를 들어 설명했다. 하우스너는 두 번째 사실을 어떻게든 입증하려는 듯 많은 노인들에게 나치와 맞서 싸우지 않는 이유를 물었다. 흐느끼는 증인들도 그의 질문을 피해가지 못했다. 아렌트는 분노했다. 그녀는 『예루살렘의 아이히만』에서 이렇게 썼다.

"검사가 저항운동을 전개한 소수의 사람을 제외한 대부분의 증인에게 반복해서 던진 '왜 당신은 저항하지 않았나요?'라는 질문은 재판의 실체적인 배경을 모르는 사람들에게는 매우 자연스럽게 들렸겠지만, 실제는 묻지 않은 질문(뒤에 이것을 물은 아렌트를 큰 곤궁에 빠트린 '왜 독일이 점령한 지역의 저명한 유대인 지도자들은 나치 일당에 협력했는가?'라는 질문)을 가리는 위장막의 역할을 하는 것이었다."

아렌트는 수용소 생존자들의 증언이 시작된 첫 번째 주가 끝난 뒤 남편 블뤼허에게 보내는 편지에서 이렇게 개탄했다.

"아이히만 재판은 말 그대로 여론 조작용 재판이었어요."

그녀가 증인들에게서 감동을 받지 않은 것은 아니었다. 하지만 아렌트에 따르면 증언의 전체적인 효과는 "전 세계"를 유대인 박해와 직무 태만을 저지른 범죄자로 만든 것이었다. 그녀는 "아이히만은 거의 잊혀졌다."라고 썼다. 수개월 뒤 선고 공판이 열리던 날, 판사들도 아렌트의 의견에 동의했다. 생존자들의 증언은 역사적이나 도덕적으로 소중한 것이었지만, 아이히만을 단죄하는 데는 아무런 관련이 없었던 것이다.

한동안 재판이 열리지 않자, 대부분의 외국 언론과 방청객은 예루살렘을 떠났다. 많은 사람들이 다른 곳에서 일을 했다. 5월 6일, 아렌트도 예루살렘을 떠나 독일과 스위스로 향했다. 그녀는 독일의 여러 대학에서 강연을 하고 옛 친구들을 만났으며, 스위스에서 카를 야스퍼스 부부와 함께 한 주 동안 오붓한 시간을 가졌다. 6월 20일, 아이히만의 변론이 재개되자 아렌트는 법정의 기자석으로 복귀했지만, 이번에는 단지 나흘 동안만 예루살렘에 머물렀다. 다시 스위스로 떠난 아렌트는 취리히에서 남편을 만난 뒤 이태리로 건너가 일 때 문에 오랫동안 미뤄두었던 휴가를 보냈다. 이로 인해 그녀는 이후 4 주간 진행된 아이히만의 증언과 이에 대한 하우스너 검사와 판사들 의 반대신문을 현장에서 듣지 못했다.

피고석에 앉은 아이히만은 누가 봐도 한눈에 알아볼 수 있을 정 도로 초조한 기색이 역력했다. 재판정에서는 그의 변호사가 모두진 술을 시작하고 있었다. 뉘른베르크 전범 재판에서도 변호인으로 활 약한 독일인 로베르트 세르바티우스는 유명한 뉘른베르크 변명[23] 의 개요를 설명하는 중이었다. 당연하게도 그는 자신의 의뢰인이 어 떤 살인도 지시하거나 집행한 적이 없으며, 현존하는 법률에 저촉되 는 어떤 범죄도 저지른 바가 없다고 주장했다. 세르바티우스는 한 걸음 더 나아가 아이히만이 히틀러가 만든 법률의 제정에 어떤 역할 도 수행한 바가 없고, 단지 어쩔 수 없이 그 법률을 따라야만 했던 죄 밖에 없기 때문에, 법정에서도 그를 일종의 희생자로 봐야 한다고 말 했다. 상급자의 명령을 따랐을 뿐이라는 이유로 반인류적인 범죄가 용서되어야 한다는 주장이 뉘른베르크 전범 재판에서 철저히 거부 당했다는 점은 중요하지 않다. 이런 주장과, 아이히만은 개인적으로 어떤 사람도 살해하지 않았다는 항변은, 사형만은 모면하고 싶었던 피고 측이 기댈 수 있는 유일한 희망이었기 때문이다. 세르바티우스 는 2주 동안 이루어진 증인신문 기간에 걸쳐 아이히만에게 여러 단

---

23 뉘른베르크 재판에 회부된 나치 전범들이 자신을 변호하기 위해 사용한 "자신들은 명령에 따랐
을 뿐이다."라는 주장을 가리킨다.

계로 진행된 나치의 유대인 인종 청소 기간 동안 그가 나치 친위대원으로서 한 일에 대해 물었다. 가끔씩 수줍은 표정을 짓긴 했지만 아이히만은 그의 친위대 경력에 대해 자랑스러움과 가식적인 사과가 뒤섞인 답변을 두서없이 내뱉었다. 그의 증언은 마지못해 하는 자의 적인 시인과 상투적인 답변, 틀린 날짜와 상관에 대한 비난, 유대인에 대한 선의를 강변하는 우스꽝스러운 고백과 아무 의미도 없는 허튼 소리들로 가득했다. 아렌트는 증언을 계속할수록 아이히만이 "점점 더 안색이 창백해지고 유령 같은 모습"이 되어 간다고 느꼈다. 그녀는 아이히만이 "가벼운 실어증에 걸린 것"이 아닌지 의심했다. 그가 기억력과 언어 구사 능력에 문제가 있는 것처럼 보였기 때문이었다. 아이히만이 법정에서 슬픈 표정으로 "내가 아는 유일한 언어는 관공서 용어뿐"이라고 말했을 때, 그녀는 그의 말이 사실이라고 확신했다. 재판 내내 그가 표현할 줄 아는 문장이라고는 상투적인 것밖에 없다는 사실을 목격했기 때문이다. 아렌트는 아이히만의 말하는 방식에 많은 관심을 가졌다. 하지만 그것은 친구인 윌리엄 배럿의 얘기처럼 단지 그녀가 "독일 고급문화의 독실한 수호자이자 열렬한 지지자"였기 때문이 아니라, 그녀 자신이 읽고 듣는 글이나 말 속에서 의미를 찾는 일에 익숙한 사람이었기 때문이다.

어떤 면에서 볼 때 아이히만의 자기방어 논리는 아렌트는 물론 다른 어떤 사람이 알던 것보다도 더 교묘했다. 수천 페이지 분량의 인터뷰 기사(나치당의 대의에 대한 지칠 줄 모르는 헌신을 자랑스럽게 얘기하는 내용들로 가득한)나 아르헨티나 도피 시절과 피랍된 뒤 이스라엘에서 보낸 몇 개월 동안 쓴 신랄하고 반유대적인 정서가 넘치는 자전적인 글들은, 판사에 의해 증거로 채택되지 않았거나 아직까지 연구자나 학자들에 의해 발견되지 않은 상태였다. 그 결과 아이히만은 재판 내내 자신을 어떤 독립적인 권한도 갖지 못한 중간 계층의 기능적 간부이자 자신의 지위가 허락하는 범위 내에서 언제나 진지하게 유대인들을 돕기 위해 노력한 인물로 그려내는 데 성공했다. 아이히만은 아직 최종 해결책을 시작하라는 히틀러의 명령이 내려지기 전인 1930년대에 자신은 유대인 담당과의 책임자로서 유대인들을 선조의 땅에서 내모는 순간에도 그들에게 새로운 정착지를 마련해주기 위해 항상 최선을 다했다고 진술했다. 또한 상황이 변해 그들을 어쩔 수 없이 니스코나 아우슈비츠, 그리고 테레지엔슈타트로 수송하기 전까지는 그들을 다른 나라로 이주시키기 위해 노력했고, 서방세계 국가들이 더 이상 그들을 받아들이지 않자 이번에는 그들을 영국 지배하에 있던 팔레스타인이나 마다가스카르섬으로 이주시키는 믿기 어려운 계획을 만들기도 했다고 주장했다. 실제로 아이히만이 자신의 방어를 위해 사용한 주요 논리는 자신이 헌신적인 시온주의자로 유대인 동료 시온주의자들을 자신과 동등한 존재로 여긴 "이상주의자"였을 뿐 아니라, 유대 문화에 정통한 전문가이기도 했다는 것이다. 5백만 명의 유대인을 죽이는 데 기여해 행복하게 눈을 감을 수 있다는 취지의 자신의 발언을 실은 〈라이프 매거진〉에 대해 하우스너가 물었을 때, 아이히만은 잡지사가 자신의 발언을 잘못 인용한 것이라고 반박했다. 자신이 실제 얘기한 것은 "독일 전선에 있던 5백만 명의 적들", 즉 러시아 군대였다는 것이다. 하지만 이것은 말이 되지 않는 주장이었다. 비록 아이히만이 자신은 최종 해결책이 채택된 이후 상부에다 전투 병과로 전출시켜 달라고 요청했다는 주장을 되풀이하긴 했지만, 그와 관련된 어떤 증거도 제시하지 못했을 뿐만 아니라 실제로도 동부전선에서 독일 육군과 함께 전투를 수행한 적이 없었기 때문이다. 그는 러시아와 관련된 어떤 일도 한 적이 없는 사람이었다. 〈라이프 매거진〉은 1950년대에 아르헨티나에서 이루어진 "사센 인터뷰"[24]에서 문제의 발언을 인용한 것인데, 뒤에 그 인터뷰의 원고 전문이 공개되면서 아이히만이 비단 러시아 군대와 관련해 거짓말을 했을 뿐만 아니라, 유대인을 가장 중요한 "나치 독일의 적"으로 간주하고 있었다는 사실이 밝혀졌다. 아렌트는 비록 이스라엘 조사관의 보고서와 피고의 증언 기록에 의존하고 있긴 했지만, 단 한순간도 아이히만이 유대인의 친구였다는 사실을 믿지 않았다. 하지만 동시에 그녀는 그를 광적이거나 이념적으로 철저한 인종주의적 반유대주의자라고 보지도 않았다.

요약하자면, 아이히만은 법정에서 자신이 "인간적으로는" 유죄이지만 "법적으로는" 아니라고 주장했다. 죽음의 수용소로 유대인들을 실어 나르는 기능적인 역할을 수행한 것에 불과했으나 결과적으로 수많은 사람들이 죽었기 때문에 "인간적으로 유죄"가 맞지만 그것은 자신의 잘못이 아니라는 것이다. 그는 "내게 내려진 명령을

---

24 아이히만이 자신의 친위대 동료이자 독일의 출판업자인 빌렘 사센과 한 인터뷰를 가리킨다.

수행하지 않을 수 없었다."라고 하면서 자신은 법적으로 결백하며 체포와 수감 생활, 그리고 이제 유죄판결이 내려질 것이 거의 확실한 상황이 원통하다고 말했다. 또한 "오직 명령을 받은 자"일 뿐인 자신은 운명을 건 재판을 받고 있는 반면에, 명령을 내린 자들은 이미 행복하게 죽었거나 아직도 잘 숨어 지내고 있다고 불평했다. 아이히만은 "나는 단지 기계의 작은 톱니바퀴에 지나지 않았다."라는 유명한 말(이후 사람들에 의해 전체주의적 환경에서 인간이 도덕적으로 깨어 있을 수 있는 능력에 대한 의문을 던진 것으로 평가된 말)을 남겼다. 몇 달 뒤 선고 공판에서 크리스탈나흐트 프로그램과 관련된 폭력 행사 및 헝가리에서의 유대인 어린아이 상해치사 같은 몇몇 증거가 부족한 예외적인 경우를 제외하고는 기소된 15개 혐의 전부에 대해 유죄 선고가 내려지자, 아이히만은 놀라움과 함께 환멸을 나타냈다. 독일 학자인 베티나 슈탕네트의 연구에 따르면 아이히만이 선고 결과에 놀랄 만한 이유가 있었다. 자신이 예루살렘에서 유대인들을 이길 수 있다고 생각했기 때문이다. 슈탕네트가 그녀의 저서 『예루살렘 이전의 아이히만 : 대량 살인마의 검증되지 않은 생애』(2014)에서 입증한 대로, 아이히만은 자신이 만약 유대인에 의해 발견되어 체포되더라도 자신의 행동에 대한 그럴듯한 설명을 통해 목숨만은 건질 수 있을 것이라고 계산했다. 그는 유대인이 자랑하는 지식 추구의 "본능" 그리고 보편적인 법칙과 "지성주의"에 대한 유대인들의 잘 알려진 헌신이 언제나 "자기중심적인 선민사상"과 복수를 할 권리에 대해 승리를 거두었다고 생각했다. 이는 그가 1930년대 이래 계속 설파해온 주장이다. 아이히만이 신봉했던 나치의 세계관에 따르면 이것은 경멸할 만한 약점이었다. 하지만 그는 자신의 이익을 위해 상대방의 약점을 이용하지 않을 만큼 자존심이 센 사람은 아니었다. 이전에도 늘 그래왔다. 하지만 이번에는 아이히만이 헛된 희망을 품었음이 드러났다. 그는 이스라엘 대법원에 제기한 항소심에서도 패소했으며, 결국 1962년 5월 31일에 교수형이 집행되었다.

아렌트의 『예루살렘의 아이히만』은 9개월 뒤 매거진 〈더 뉴요커〉에 5부작으로 연재되기 시작했다. 사람들의 뇌리에 아이히만 재판이 거의 남아 있지 않을 무렵이었다. 쿠바 미사일 위기, 미국과 러시아의 우주 경쟁, 그리고 베를린장벽 건설과 같은 대형 사건들이 사람들의 관심을 독차지하고 있었기 때문이다. 만약 아이히만 재판에 관한 아렌트의 최종 보고서인 이 책의 내용이 자극적이고 비범한 것이 아니었다면, 책은 독자들의 관심을 끌지 못한 채 창고에서 할인 판매를 기다리는 재고품 신세가 되었을 것이다. 하지만 현실은 정반대였다. 『예루살렘의 아이히만』은 지금도 매년 수천 부씩 팔리고 있으며, 아이히만과 아렌트, 홀로코스트[25]에 대해 얘기할 때마다 언제나 첫 번째로 거론되고 있다.

『예루살렘의 아이히만』이 출간되었을 때 이제 56세가 된 아렌트는 다시 한 번 유럽 대륙을 여행하고 있었다.

아렌트의 책이 많은 사람들의 분노를 사고 독자들의 의견을 분

---

25 제2차 세계대전 중 나치 독일에 의해 자행된 유대인 대학살을 지칭한다.

열시킨 것은 크게 세 가지 요인 때문이었다. 그중 〈더 뉴요커〉의 독자를 포함한 일반 대중에게 가장 충격을 준 것은 아렌트가 코를 훌쩍거리며 더듬더듬 말을 이어 가는 멍청하고 우스꽝스러운 아이히만의 모습을 부각시키며 그를 "악의 평범성"을 상징하는 인물로 만든 것이었다.

"검찰 측의 모든 노력에도 불구하고" 아렌트는 책의 도입부에서 이렇게 쓰고 있다. "누구나 피고가 '괴물'이 아니라는 것을 알 수 있다. 그가 어릿광대에 불과했다는 의문이 들지 않으면 이상한 상황이었다."

그녀는 아이히만을 머리가 모자란 데다 허영심이 많고 선전 문구에 의해 세뇌된 조직원으로 보았다. 하지만 그녀가 보기에 아이히만의 가장 큰 문제점은 "생각이 없었다."(즉, 어떤 문제나 사건을 다른 사람들의 관점에서 생각하지 못했다.)라는 것이었다. 잔인한 성격을 타고난 것도 아니고 이념에 사로잡힌 불한당도 아닌(아렌트는 "이아고[26]도 아니고 맥베스[27]도 아니며, 그렇다고 리처드 3세[28]는 더욱 아닌"이라고 적었다.) 아이히만은 사람의 마음을 불편하게 만드는 충격적인 존재였다. 그는 어떤 열정이나 확신 혹은 타인에 대한 걱정이나 자기 행동에 대한 후회 없이 지속적으로 사악한 행동을 할 수 있는 사람이었기 때문

---

26 세익스피어의 작품 『오셀로』에 나오는 음험하고 간악한 성격의 등장인물이다.
27 『맥베스』에서 장군 맥베스는 마녀의 예언에 현혹되어 왕을 죽이고 왕위에 오르지만, 다시 그 왕의 아들인 맬컴에게 살해된다.
28 조카를 몰아내고 왕위에 오른 영국 요크 왕조의 마지막 왕으로 연극 『리처드 3세』의 주인공이다. 세익스피어 작품에 등장하는 인물 중 가장 극악무도한 인물로 평가된다.

이다. 아렌트가 보기에 그의 삶은 깊이가 없었다.

"오로지 열심히 자신의 입신양명을 추구하는 것 말고는 아이히만에게 삶의 다른 동기는 일절 없었다." 자주 인용되곤 하는 책의 후기에서 그녀는 이렇게 말하고 있다. "그리고 이렇게 무언가를 열심히 하는 것은 그 자체만으로는 범죄가 아니다."

그녀는 계속해서 이렇게 말한다.

"그는 상사의 자리를 탐해서 그를 죽이거나 할 사람은 절대로 아니다. 간단히 말해서 그는 단지 자신이 무엇을 하고 있는지 몰랐을 뿐이다."

그녀의 수사법에 유감스러운 부분이 있긴 하지만,(비록 자기 행동의 대상이 되는 사람들 한 명 한 명에 대해서는 어땠을지 모르지만, 법적인 관점에서 볼 때 아이히만은 분명히 "자신이 무엇을 하고 있는지 알고 있었다.") 그녀의 견해는 1960년대 당시 사람들의 고정관념을 뒤흔드는 새로운 관점을 제시하는 것이었다. 법을 잘 지키며 살던 중산계층의 사람으로 아렌트와 다른 방청객들은 물론 재판정에서 선임한 정신과 의사들까지 "정상"으로(즉 선천적인 반사회적 인격 장애자나 도착증 환자가 아니라고) 진단한 인물이 대규모의 "계획된 살인" 혹은 대학살에 가담할 수 있다는 것은, 아렌트와 그녀의 비유대계 독자들에게 저 깊은 심해에 사는 괴물보다도 훨씬 더 두려운 이야기였다.(그녀가 몇몇 사례를 잘못 들었다고 해서 그녀의 이론이 틀린 것은 아니다. 그것은 다른 이야기다.)

아렌트는 살아 있는 아이히만에 대한 고찰로부터 '악의 평범성에 대한 보고서'라는 부제가 달린 이론을 정립했다. 나중에 그녀의 후회를 불러온 '악의 평범성'이라는 문구는 그녀의 남편인 하인리히 블뤼허가 처음 사용한 것이었다.(아렌트가 야스퍼스에게 말한 바에 따르면, 블뤼허는 '악의 평범성'이라는 표현을 가지고 그녀를 조롱한 "몇몇 이들의 코를 쥐어박아주고 싶어했다.") 아렌트는 자신의 표현이 악 그 자체가 흔하다는 의미는 아니라고 주장했다. 아울러 나치의 살인 기계나 그것을 움직이는 배후 인물인 히틀러와 요제프 괴벨스,[29] 그리고 괴링이 평범하다는 의미도 아니라고 말했다. 하지만 악의 본질에 대한 아렌트의 생각은 이전과는 크게 달라졌다. 1963년 가을, 잡지 〈룩〉의 기자인 사무엘 그래프톤과의 인터뷰에서 그녀는 '악의 평범성'이라는 표현을 통해 "악이란 급진적인 것이 아니며 … 심오한 것도 아니라는 것을 나타내고 싶었다."라고 말했다. 그녀는 같은 인터뷰에서 "악은 표면적인 현상이다."라고 선언하기도 했다. 아렌트는 한 달 뒤 열린 강연회에서 놀랄 만한 비유를 통해 자신의 생각을 다시 한 번 정교하게 설명했다. 아이히만이 보여준 것처럼 악은 "머리카락이 곤두설 정도로 피상적"이며, 이로 인해 악은 쉽게 전염될 수 있다는 것이다. 그녀는 강당을 가득 메운 시카고 대학의 교수와 학생들에게 "그것은 어디에도 뿌리를 내리지 않기 때문에 곰팡이처럼 퍼져나가 전 세계를 초토화시킬 수 있다."라고 선언했다.

하지만 이 표현에 담긴 아렌트의 숨은 의도는 아이히만을 통해

---

29 1897~1945. 나치 독일에서 국가대중계몽선전부 장관으로 나치 선전 및 미화를 맡았던 인물이다.

새로운 유형의 "대중사회의 인간", 즉 사회적으로는 뿌리를 내리지 못한 채 외롭게 표류하며 경제적으로는 소모품에 불과한 존재로, 허무주의와 전체주의의 표적이 되기 쉬운 특성을 지닌 후기 산업주의 사회 특유의 반마르크스주의적 인간 유형을 보여주는 것이었다. 비록 뒤에 아렌트가 자신은 『예루살렘의 아이히만』에서 어떤 이론적인 시도도 하지 않았다고 부인하기는 했지만,(그녀는 자신의 책은 단지 언론인의 보고서에 불과하다고 질문을 한 사람들에게 답변했다.) 피고에 대한 그녀의 성찰은 하나의 이론이 되기에 충분했다. 특히 아이히만 재판과 『예루살렘의 아이히만』의 출간 사이에 사회심리학자인 스탠리 밀그램이 재판의 영향을 받아서 실시했던 "권위에 대한 복종"이라는 유명한 실험의 결론을 볼 때 적어도 부분적으로는 이런 사실을 부인하기 어렵다. 무작위로 선발된 용모 단정한 미국 대학생들(다시 말해 주변에서 흔히 볼 수 있는 사람들)을 대상으로 한 밀그램의 실험을 통해, 사람들은 권위 있는 인물이 대의를 위해 불가피하다고 설득할 경우 기꺼이 자신의 동료에게 극심한 고통을 가할 수 있다는 사실이 입증되었던 것이다. 『예루살렘의 아이히만』과 밀그램의 실험 결과는 사람들에게 충격적인 메시지를 던졌다. 사람들이 모두 내면에 작은 아이히만을 갖고 있다는 불편한 진실, 바로 그것이었다. 아렌트도 아이히만 재판의 방청을 시작하기 전에는 전혀 예상하지 못했던 이런 발견이 미친 영향은 심대했다. 그것은 사람들이 당연하다고 생각하지만 실제로는 근거가 없는 여러 "과학적" 진리들의 불완전성을 가장 극명하게 보여주는 사례 중 하나로 오늘

날까지 거론되고 있다.

아렌트가 자신이 처한 현실 때문에 이론 구축을 거부하기 힘들었던 것도 사실이었다. 그녀의 추종자였던 알프레드 케이진이 자신의 회고록인 『뉴욕의 유대인들』에서 밝힌 것처럼, 아렌트는 일상적인 대화에서조차 "진리의 편에 서서 사람들과 맞서야 했다." 때로는 플라톤의 흉상이 놓인 그녀의 거실에서 이루어지는 대화에서도 그런 일이 벌어졌다.

"아렌트는 우정의 힘으로 사람들을 설득했다. 그녀는 블뤼허와 함께 참석한 세미나(내가 부부간에도 그런 열정적인 토론이 가능하다는 것을 처음으로 알게 된 세미나)에서도 그와 부딪혔다. 그녀는 의견 차이뿐만 아니라 현대 남성이 처한 "극단적인 상황"인 허무함과도 맞서 싸웠다."

아렌트에게 "철학은 단순히 직업이 아니라 피할 수 없는 삶의 양식이자 가장 고차원의 지적 소명"이었기 때문이다.

아렌트는 늦어도 1933년 이후부터는 고대 그리스에서 넓은 의미의 예술의 하나(공적인 영역에서 사람들에게 명예를 부여하는 예술)로 간주되었던 정치를 철학만큼 중요하게 생각하기 시작했다. 하지만 그녀의 정치적 입장은 때때로 불가지론과는 거리가 있었다. 아렌트의 책에서 사람들의 논쟁을 불러일으킨 두 번째 요인도 이스라엘 정부에 대한 그녀의 조롱 섞인 언급이었다. 벤 – 구리온과 기드온 하우스너에 대해 은근히 헐뜯는 표현을 쓴다거나, 사람들이 불편해하는 것에는 아랑곳없이 유대인과 다른 민족 간의 결혼을 금지한 이스라엘의 종교를 유대인과 독일인의 성적인 접촉이나 결혼을 금지했던 나치 법률과 비교한 것 등이 그 단적인 예이다. 아렌트는 이스라엘이 성문헌법을 갖고 있지 않은 이유도 부분적으로는 이런 인종주의적 편견에 사로잡힌 원칙을 국가 최고 법률에 상세히 언급하는 것을 꺼리기 때문이라고 날카롭게 비판하기도 했다. 이스라엘에 대한 비판은 지금도 그렇지만 그 당시에도 위험하고 불경스러운 일로 여겨졌다.

아렌트는 1930년대와 1940년대에 걸쳐 헌신적인 시온주의자로 누구보다 열심히 활동했다. 하지만 1948년에 이르면서부터 그녀는 제도적 불평등과 군국주의, 그리고 건국 협상 과정에서 아랍인의 시민권을 배제하기 위해 지불해야 하는 외세에의 종속 현상을 경고하면서 이스라엘 건국의 정당성을 부정하는 발언을 쏟아냈다. 그녀의 친구들은 이미 이스라엘에 대한 아렌트의 배신자적 견해를 잘 알고 있었다. 하지만 그들과 다른 이스라엘 지지자들을 경악과 분노에 빠뜨린 것은 그동안 깊숙이 묻혀 있던 '최종 해결책의 집행 과정에서 유대인 자신들의 역할'이라는 민감한 문제를 아렌트의 책에서 다루었기 때문이다. 그녀가 이런 주제를 경멸 어린 태도로 공공연하게 (그리고 〈더 뉴요커〉에 실린 여성 의류나 와인, 혹은 바하마의 리조트들을 홍보하는 광고들 사이에서) 다루었다는 사실에 대해 당시에는 물론 지금까지도 많은 사람들이 용서하지 못하고 있다.

수용소 생존자에게 "왜 저항하지 않았느냐?"라고 물은 하우스만의 질문은 도발적이지만 동시에 수사에 불과한 것이기도 했다. 답변이 너무 뻔했기 때문이었다. 하지만 이에 대해 "과연 아돌프 아이히만은 양심이 있었을까?"라는 매혹적인 질문으로 응수한 아렌트가 장장 40페이지에 걸친 검토 끝에 내놓은 답변은 훨씬 더 도발적이고 사람들의 마음을 불편하게 만드는 것이었다. 아렌트는 아이히만이 양심을 갖고 있었다고 결론을 내렸다. 그녀에 따르면 아이히만은 생애 대부분을 정상적인 양심의 소유자로 살아왔고, 그의 양심은 1942년에 최종 해결책이 나치의 공식 정책이 된 지 몇 주 뒤까지도 제대로 작동했다는 것이다. 그렇다면 왜 그의 양심은 그 뒤부터는 기능을 멈춘 것일까? 이 나치 "유대인 문제 전문가"는 자신이 공을 들여 유덴라트(Judenräate)[30]로 포섭한 현지 유대계 지도자들을 포함해서 "어느 누구도 결코" 최종 해결책에 저항하거나 협력을 거부하지 않았다고 주장했다. 아렌트도 동의하는 것처럼 보였다. 그녀는 평범한 유대인이 저항할 수 없었다는 점을 부인하지 않았다. 그들은 어떤 훈련도 받지 않았고, 무기도 없었으며, 자신들의 운명이 어디로 흘러갈지 제대로 알지 못했던 것이다. 하지만 그녀는 자신의 책에서 가장 악명 높고 충격적인 구절을 통해 그것이 "진실의 전부"가 아니라고 주장했다. 1942년 중반쯤 유럽의 유대 지도자들은 아이히만의 기차가 어디로 향하는지 알고 있었다.

바르샤바에서처럼 암스테르담에서도, 부다페스트에서처럼 베

---

30   나치가 협력적인 유대인 지도자들로 만든 유대인 지도자 평의회의 이름이다.

를린에서도, 유대인 관리들은 나치의 신임하에 유대인들의 명단과 재산을 수집했고, 사람들의 추방과 처형에 소요되는 비용을 충당하기 위해 추방당하는 사람들로부터 돈을 빼앗고 비어 있는 아파트를 수색했으며, 유대인을 잡아서 기차에 싣는 경찰들을 위해 물자를 공급해주었다. 그리고 마지막 순간에는 남아 있는 유대인 공동체의 전 재산을 질서정연하게 나치의 손에 넘겨주었다.

〈더 뉴요커〉와 책의 초판본(재판본부터는 없어졌다.)에서 그녀는 믿기 힘든 내용이 담긴 2차 자료를 인용하면서 다음과 같이 덧붙였다.

그들은 노란색 다윗의 별 배지를 나누어 주었다. 그리고 바르샤바에서처럼 때때로 "완장[31]을 파는 것이 어엿한 사업이 되기도 했다. 그들이 파는 완장에는 천으로 만든 일반적인 것도 있지만 세탁이 가능한 세련된 플라스틱 제품도 있었다." 그들이 나치의 지시 없이 순전히 나치에 의해 영감을 받아 스스로 발표했던 성명서들을 보면, 그들이 얼마나 자신들의 새로운 권력에 도취되어 있었는지 엿볼 수 있다. "유대인 중앙 평의회는 유대인들이 소유한 일체의 정신적·물질적 자산 및 모든 유대인에 대한 절대적인 처분 권한을 가지고 있다."(부다페스트 유대인 평의회 1차 성명서)

---

31 다윗의 별이 그려진 완장으로 배지와 함께 유대인을 식별하는 수단으로 사용되었다.

당사자에게는 가혹하게 느껴질 정도로 가차 없이 써내려간 글에서 당시 그녀의 분노가 생생하게 느껴지는 듯하다. 그녀는 마지막으로 다음과 같이 결론을 내리고 있다.

유대인들이 사는 곳에는 항상 사람들에 의해 인정을 받는 지도자가 있었다. 그리고 이런 지도자들은 어떤 방법으로든, 그리고 어떤 이유에서든 거의 예외 없이 나치에 협력했다. 우리가 정말로 알아야 될 진실은 만약 유대인들이 조직화되어 있지 않았고, 그래서 지도자가 없었다면 많은 혼란과 고통이 따르긴 했겠지만 희생자 수가 450만 명에서 600만 명에 이르는 사태는 없었을 것이라는 점이다.

"유대인에게는" 아렌트는 또 다른 유명한 구절에서 이렇게 썼다. "자신의 지도자들이 이처럼 동족의 파멸에 앞장선 것은 의심할 여지 없이 그들에게 일어난 어두운 이야기 전체에서 가장 어두운 부분이 아닐 수 없다."

물론 그녀를 비판한 많은 사람들은 이런 사실을 인정하려 들지 않았다.

그것은 아렌트가 썼다고 믿기 어려운 일이었다. 나치로 인해 한평생 힘들게 살아온 그녀의 생애를 생각할 때 정말로 일어나기 어려운 일이었다. 무엇보다 그녀 자신이 그런 일에 대해 스스로 경고를 했다. 그녀가 책의 앞부분에서 마치 연극이라도 하는 듯한 기드온 하우스너의 작위적인 언동과 그의 무차별적인 증인 목록을 비판하면서, 재판은 전적으로 피고의 결백이나 유죄 여부에 초점을 맞추어서 진행되는 미국식 재판이 되어야 한다고 주장했기 때문이다.

"정의는 아이히만이 기소되어 재판을 받고, 그에게 합당한 판결이 내려지기를 요구한다." 그녀는 책에서 이렇게 써내려갔다. "그리고 더 중요하게 보이는 다른 질문들 … 이를테면 '왜 하필 유대인이지?', '왜 독일인들이?' … '어떻게 유대인 지도자들은 동족을 소멸시키려고 하는 나치에게 협력할 수 있었을까?' … 같은 질문들은 잠시 유보해놓기를 원했다."

하지만 결과적으로 그녀는 이스라엘 검찰 측과는 달리 유대인 평의회 문제를 한편으로 밀어놓지 못했다. 그 문제를 끊임없이 생각하며 책을 써내려가는 동안 유럽의 모든 유대인들이 무기력하고 가망 없는 존재였다는 사실을 받아들일 수 없다는 것을 깨달았기 때문이다. 그동안 살면서 무수한 역경과 불확실성에 직면했지만 한 번도 스스로가 그런 존재라고 생각한 적이 없던 아렌트로서는 너무나 당연한 결론이었다.

가끔 돈키호테 같은 행동을 하고, 고대 그리스 서적을 즐겨 읽으며, 괴테를 인용하기 좋아하고, 검은 눈을 지그시 감고 깊은 사색에 빠져 있을 때가 많은 이 유명한 유대계 독일 지식인은 그동안 뉴욕과 유럽 내 유대인 문화계의 존경을 한 몸에 받는 존재였다. 그러나 이제 아렌트는 자신의 친구와 추종자, 동료들에게 한마디로 잔인한 모욕을 가한 꼴이 됐다. 그녀는 유럽의 학식 있는 유대인들이 나치의 흉포한 파괴 정책에 협조함으로써 끔찍한 악의 화신인 아돌프 아이히만의 죄를 경감시켜주는 잘못을 저질렀다고 공공연하게 비난했다.

그렇다고 아이히만의 죄가 가볍다고 아렌트가 주장한 것은 결코 아니었다. 예루살렘 법정의 재판관들처럼 아렌트도 아이히만이 유대인 대학살로 유죄를 선고받아야 함은 물론 마땅히 사형에 처해져야 한다고 단언했다. 하지만 그녀는 분노에 기반을 두지 않고 보편적인 법칙에 근거해서 너무나 이성적으로 논리를 전개했기 때문에 역설적이게도 자신의 의도를 달성하지 못했다. 『예루살렘의 아이히만』의 맺음말에서 아렌트는 아이히만 자신이 한 행위의 의미를 알고 있었는지 여부는 중요하지 않다고 일축하며("왜냐하면 정치는 유치원과는 다르기 때문이다. 정치에서 복종과 지지는 동일한 것이다."라고 그녀는 썼다.) 판결문과 동일한 취지로 아이히만에게 다음과 같이 말했다.

"당신이 이 땅에서 유대인이나 그 밖의 다른 민족들과 함께 살기를 거부하는 정책을 지지하고 집행했던 것과 마찬가지로, 우리는 인류에 속한 어느 누구도 이 땅에서 당신과 함께 살기를 원하지 않는다고 생각한다. 그것이 바로 당신이 교수형에 처해져야 하는 유일한 이유이다."

다소 미스터리한 문장들로 구성된 이 『예루살렘의 아이히만』의 맺음말 부분은 이스라엘 라미 교도소에서 사형이 집행된 아이히만의 재가 지중해에 뿌려지고 난 뒤 수개월이 지난 시점에서 쓰여진 것이다. 아렌트를 싫어하는 사람들은 그녀가 아이히만을 두 번이나 죽였다고 비난하며 위안을 삼았을지 모르지만, 그것은 물론 사실이 아니다. 책의 마지막 두 문장 직전까지 나오는, 아이히만에 대한 그녀의 판단을 선언하는 단락에는 황금률로 불리는 임마누엘 칸트의 정언명령[32]의 맥박이 힘차게 뛰고 있다. 그래서 그녀는 우리 모두는 도덕적으로 살려고 할 때, 보편적인 법칙이 될 것이라고 확신하는 행위들만 자신이 수행하게 된다고 주장했다. 그러면서 정직이나 신뢰가 없는 세상에서 사는 거짓말쟁이들, 이를테면 나치의 열차 운행 책임자 같은 이들은 그들 스스로도 파멸로 가는 기차에 몸을 싣고 있는 것이라고 일갈했다. 아렌트는 법률을 따랐을 뿐이라는 것도 면책 사유가 되지 않는다고 지적했다. 국가가 만든 법률이라도 부당한 법률을 따르는 것은 잘못이기 때문이다. 따라서 법을 만드는 자리에 있는 사람들은 반드시 생각에 생각을 거듭해야만 한다. 이런 점에서 아이히만에게 물어야 할 첫 번째 죄는 그가 생각이 없었다는 것이다. 이런 결론에 도달한 아렌트는 그로부터 사람들이 다양하고 도덕적인 인류의 훌륭한 구성원으로 살아가기 위해서는 어떤 생각과 판단, 그리고 행동이 필요한지를 연구하는 데 자기 생애에서 남은 시간을 전부 바치게 된다.

아이히만 재판과 『예루살렘의 아이히만』 출간 사이에는 거의 2년에 가까운 공백이 있었다. 이 시간 동안 아렌트에게는 많은 일이 일어났다. 먼저 1961년 가을, 그녀가 "사방을 지켜주는 든든한 벽'이

---

32 칸트철학에서 행위의 결과에 관계없이 그 행위 자체가 선이기 때문에 무조건적인 수행이 요구되는 도덕적 명령을 말한다.

라고 부르며 의지하던 그녀의 남편, 독학을 거듭한 끝에 뉴욕 바드 대학을 졸업하고 훌륭한 학자가 되기까지 62년 동안 오뚝이처럼 불굴의 삶을 살아온 하인리히 블뤼허가 뇌동맥 파열로 쓰러지는 일이 발생했다. 그를 쇠약과 우울의 나락에 빠지게 한 일련의 질병들 중 첫 번째 발병이었다. 1961년 12월, 예루살렘에서 재판관들이 아이히만 재판의 판결문을 읽고 있던 순간, 아렌트는 강의와 남편의 병간호를 위해 코네티컷에 있는 웨슬리언 대학과 뉴욕의 리버사이드 드라이브에 있는 집 사이를 통근하고 있었다. 블뤼허는 조금씩 건강을 회복했다. 하지만 1962년 3월, 이번에는 아렌트에게 불운이 닥쳤다. 그녀가 택시를 타고 뒷좌석에서 책을 읽으며 센트럴파크를 가로지르고 있을 때, 트럭이 그녀가 탄 택시를 덮친 것이었다. 의식을 잃고 병원에 실려간 그녀에게 뇌진탕과 아홉 개의 갈비뼈 골절, 안구 출혈과 치아 골절, 그리고 심장 근육 손상이라는 진단이 내려졌다. 이후 두 달간 그녀는 꼼짝없이 침대에 누워 지냈지만 그녀의 심장은 완전히 회복되지 못했다. 그럼에도 불구하고 그녀는 1961년 여름과 1963년 1월 사이에 사람들의 경탄을 자아낸 회심의 역작 두 권을 출간했다. 『과거와 미래 사이 : 정치사상에 관한 여덟 가지 예제』 그리고 미국과 프랑스 혁명의 비교사적 연구인 『혁명론』이 바로 그것이었다. 그리고 1963년 봄, 마침내 275페이지에 이르는 『예루살렘의 아이히만』이 세상에 선을 보였다.

1963년 2월과 3월, 〈더 뉴요커〉에 실린 피터 아노의 만화, 존 치버와 윌리엄 맥스웰의 단편소설, 서평 및 영화평과 함께 아렌트의 5부작이 처음으로 모습을 드러냈다. 가장 먼저 연재된 것은 총 5부작 중 유대인 평의회에 대한 아렌트의 생각을 기술해 놓은 제3부였다. 그것은 마치 이 세련된 잡지를 읽는 사람들에게 폭탄을 터트린 것과 같았다. 그때 그녀는 택시 사고로 받은 보험금으로 스위스 바젤에 머물고 있었다. 카를 야스퍼스의 여든 번째 생일을 축하하기 위해서였다. 그때 〈더 뉴요커〉의 편집자인 윌리엄 숀이 마치 잡지에 나오는 절제된 만화 자막과 같은 전보를 보내왔다.

"요즘 뉴욕 사람들은 한 가지밖에 토론할 줄 모른다."

얼마 지나지 않아 현직 변호사이자 전 이스라엘 재무부 관리였던 인물이 이스라엘에 있는 독일 유대인 평의회를 대표해서 바젤로 그녀를 찾아왔다. 그는 5월로 예정되어 있는 책의 출판을 중단할 것을 그녀에게 요구했다. 아렌트는 단호하게 거절했다. 평의회는 그녀에게 전쟁을 선포했다. 하지만 이것은 시작에 불과했다. 5월에 그녀는 블뤼허와 함께 그리스와 이태리, 그리고 마지막으로 파리를 여행했다. 그들이 여행을 즐기고 있는 동안 그녀의 친구인 메리 매카시와 한스 모르겐소우, 그리고 그녀의 개인 비서인 독일계 로트 쾰러는 점점 더 전쟁 직전의 분위기로 변해가고 있는 뉴욕의 상황에 대해 계속 그녀에게 알려주었다. 하지만 그해 초여름에 블뤼허와 함께 뉴욕에 돌아오기 전까지 아렌트는 조직화된 분노와 '매복되어 있던' 공격의 힘(야스퍼스의 표현)이 얼마나 무서운 것인지를 분명하게 깨닫지 못하고 있었다.

아렌트는 처음에는 자신의 웨스트사이드 아파트에 산더미처럼 쌓인 채 그녀를 맞이한 엄청난 분량의 우편물을 보고 어안이 벙벙했다. 그녀는 그중 몇몇은 "흥미로웠다."라고 야스퍼스에게 말했다. 하지만 대부분의 우편물은 악의적이었고 역겹기까지 한 내용도 상당수에 달했다. 아렌트가 '600만 순교자의 영혼'을 훼손했다고 비난하면서 사자의 유령이 밤낮으로 찾아와 그녀에게 조금의 휴식도 허락하지 않을 것이라고 경고하는 편지도 있었다. 비록 아렌트는 보지 않았지만 책에 대한 서평도 부정적인 것 일색이었다. 초기에 〈더 쥬이쉬 스펙테이터〉를 통해 그녀를 공격한 글은 "자기혐오에 빠진 한 여성 유대인이 〈더 뉴요커〉에 아이히만을 옹호하는 시리즈를 연재하다."라는 제목을 달았다. 〈더 쥬이쉬 플로리디언〉에 실린 또 다른 글은 "스스로 유대인을 위한 무덤을 파서 아직 회개하지 않은 전 세계 반유대주의자들의 박수갈채를 받은" 혐의로 그녀를 기소했다. 〈더 뉴욕 타임스〉는 자신들의 전통을 파기하면서까지 이해 당사자 중한 명인 마이클 무스마노 판사에게 책의 서평을 맡겼다. 미국의 전직 법관으로 뉘른베르크 전범 재판에서 거침없이 자신의 의견을 피력했던 무스마노는 아이히만 재판에서도 검찰 측 증인으로 참여했다. 당시 무스마노는 나치 일당인 요하임 폰 리벤트로프가 뉘른베르크 전범 재판에서 펼친 황당한 주장, 즉 히틀러가 수백만 명의 유대인을 죽이겠다는 결정을 내린 데는 아이히만의 영향이 컸다는 얘기를 반복했는데, 이에 대해 아렌트는 자신의 책에서 비판한 바 있었다. 당연히 무스마노는 그녀의 책을 평가절하하는 데 앞장섰다. 특히 그는 서평을 통해 아렌트가 마치 "진심으로 마음에서 우러나서 나치가 된 인물도 아니며, 유대인에게 도움을 베풀려고 노력했던 이 나치 친위대원은 대체적으로 봤을 때 우리 주변에서 흔히 볼 수 있는 평범한 인물이기 때문에 그가 받았던 처벌은 전적으로 부당하다."라고 주장하는 것처럼 그녀의 논지를 왜곡시켰는데, 이런 그의 서평은 이후 아렌트의 책을 적대시하는 모든 이들의 교과서가 되었다.

그보다 더 아렌트의 마음을 아프게 만든 것은 그녀의 친구나 동료들이 지난 몇 년간 아렌트의 글을 실어온 정기간행물을 통해 그녀를 가차 없이 비난한 일이었다. 그녀는 미국으로 건너온 초창기에 자신의 연구보고서나 정기 기고문을 독일어 신문인 〈아우프바우〉[33]에 싣곤 했다. 하지만 이제 〈아우프바우〉는 일련의 악의적인 기사들을 통해 아이히만과 그녀를 맹비난했고, 그녀에게 어떤 반론의 기회도 허락하지 않았다. 아렌트가 자신의 뛰어난 영어 수필을 기고하곤 했던 〈파르티잔 리뷰〉도 극작가이자 비평가인 라이오넬 에이블이 아렌트를 조롱할 수 있도록 지면을 내주었다. 에이블은 아이히만에 대한 아렌트의 사고가 형편없음을 감안할 때 『전체주의의 기원』 역시 학문적 타당성이 떨어진다고 선언하기도 했다. 그녀는 두 번 다시 〈파르티잔 리뷰〉를 위해 글을 쓰지 않았다. 그녀는 그 이유에 대해 에이블의 서평 그 자체의 문제라기보다는 한때 친구로 지낸 〈파르티잔 리뷰〉의 편집자들이 자신을 헐뜯고 공격할 것이라는 사실을 충분히 짐작할 수 있었음에도 불구하고 에이블의 글을 실었기 때문

---

33 미국 내 독일계 유대인 난민들을 위한 독일 잡지사였다.

이라고 매카시에게 설명했다. 에이블은 평소에도 그녀를 "오만덩어리 한나!"라고 부르고 다녔던 것이다. 〈뉴스위크〉, 〈코멘터리〉, 〈더 타임스 리터러리 서플먼트〉, 〈디슨트〉는 물론 다른 유수의 잡지들도 그녀가 "명백히 큰 실수"를 저지르고 "엄청난 오류"를 범했다고 꾸짖었다. 나아가 1961년 발간된 이래 그 뛰어난 학문적 성과에도 불구하고 그때까지 잘 알려지지 않은 라울 힐베르크의 역사책 『유럽 유대인의 파괴』에 담긴 내용을 아렌트가 출처도 밝히지 않은 채 사용했다고 비난했다.(아렌트는 이후에 발간된 『예루살렘의 아이히만』 후속판에서는 힐베르크의 책을 인용했다.) 이전까지 그녀를 찬양하던 사람들이 이제 그녀를 도덕적 불감증을 가진 비정한 인물로 매도했다. 독설로 유명한 논객인 마리 시르킨은 〈디슨트〉에 이렇게 써내려갔다.

"수백만 명을 학살한 범죄를 평범한 일이라고 부른다. 그리고 우리들 중 누구라도 전체주의 국가가 명령을 내리면 그렇게 할 수 있다고 말한다. 그러면서 피해자들이 오히려 비난을 받아야 한다고 말한다. 우리들 모두가 죽음을 좀 더 용감하게 받아들였어야 했다는 것이다. 이것들 외에 저자가 말하고 싶은 것이 또 있는가?"

메리 매카시는 편집인 모임이나 글을 통해 그녀 특유의 간결하고 명확한 어법으로 그녀의 친구를 변호함으로써 의도한 바는 아니었지만 논쟁을 격화시키는 데 일조했다. 그녀는 〈파르티잔 리뷰〉에 기고한 수필에서 마치 노래라도 하는 듯 경쾌한 톤으로 책에 대한 감상을 밝혔다.

"지난 겨울 〈더 뉴요커〉에서 『예루살렘의 아이히만』을 처음 읽었을 때 나는 놀랍고 비범한 책이라고 생각했다. 지금도 마찬가지로 생각한다. 그렇지만 내가 그렇게 생각할 수 있는 것은 유대인이 아니기 때문이다. 그것은 명백하다."

유대인이 아닌 사람들은 그 책을 좋아했지만 유대인들은 싫어했다고 그녀는 말했다.

"마치 특별한 유대인 안경을 써야만 『예루살렘의 아이히만』의 진정한 의도를 알아볼 수 있는 것이 아닌가 하는 생각이 들 정도였다."

이에 대해 마리 시르킨은 유대인들이 그런 태도를 보이는 것은 무슨 복잡한 이유가 있는 것이 아니라 그들이 누구보다 그 주제에 대해 잘 알기 때문이라고 응답했다. 시르킨은 계속해서 이렇게 썼다.

하지만 매카시 씨는 그것으로 끝내지 않았다. 그녀는 마지막 부분에 대해 몇몇 유대인들이 목숨을 건지는 해피엔딩으로 끝난다는 이유로, 600만 유대인의 죽음에 대한 아렌트 씨의 설명을 "도덕적으로 고무적"이며 마치 〈피가로〉나 〈메시아〉의 마지막 후렴구처럼 그 책에서 천상의 음악을 들을 수 있었다고 말한다. 조금의 과장도 없이 말하면, 매카시 씨의 찬양은 정말로 특별하다. 그녀는 아마도 『예루살렘의 아이히만』의 고음부를 들으려면 비유대인이 끼는 별도의 보청기가 필요하다고 말하는 것인지도 모른다. 유대인들은 수백만 발의 총성과 가스실에서 울부짖는 어린아이들의 목소리들 때문에 귀가 멀어 매카시 씨처럼 천사들이 만들어내는 아름다운 화음을 온전히 감상할 수가 없다.

뉴욕의 호텔과 강연장, 그리고 거실에서 증오에 찬 토론이 끝도 없이 이어졌다. 평화를 사랑하는 라울 힐베르크조차 한 토론회에서 상대방에게 소리를 질러댔을 정도였다. 뒤에 어빙 하우가 회상한 것처럼 수개월 동안 뉴욕을 포함한 미국의 지식인 사회에서 일종의 "내전"이 전개되었다.

전쟁은 무수한 상흔을 남겼다. 먼저 그녀가 다양한 사람들과 쌓아온 우정(그중에서 가장 중요한 부분은 그녀의 젊은 시절의 우상이자 같은 망명자로 언제나 든든한 우군이 되어주었던 한스 요나스와의 우정이었다.)이 산산조각 났다. 나아가 그녀는 야스퍼스에게 보내는 편지에서 "그동안 학문적으로나 행정적으로 나를 도와줬던 많은 사람들은 물론이고, 서너 개의 큰 조직들이 내가 저지른 실수들을 캐기 위해 동분서주하고 있다."라고 개탄했다. 미국 유대인 위원회, 국제 유대인 평의회, 브네이 브리스(B'nai B'rith)[34]가 바로 그런 조직들이었다. 물론 기드온 하우스너를 뉴욕으로 보내 아렌트를 "희생자들에게 돌을 던진" 인물이라고 비난한 이스라엘도 거기에서 빠질 수 없다. 이제는 적이 되어버린 과거의 '조력자들' 중 한 명으로, 뉘른베르크 전범 재판에서 "유대인 문제인 관련 특별 자문관"으로 일했고 아이히만 재판에서도 검찰 측 자문관으로 활동한 제이콥 로빈슨이 있었다. 그는 아이히만 재판에서 자신이 발견했다고 주장하는 사실적 오류들

---

34 유대인 문화 교육 촉진 협회.

과 잘못된 통계들, 그리고 맥락에 맞지 않는 잘못된 인용들을 정리한 약 400페이지 분량의 책을 출간했다. 『그리고 시정되어야 할 왜곡들 : 아이히만 재판, 유대인의 재앙, 그리고 한나 아렌트의 발언』이라는 제목이 붙은 이 책에 대해, 로빈슨과 절친한 월터 라커는 당시 막 창간된 〈뉴욕 리뷰 오브 북스〉를 통해 거의 존경에 가까운 서평을 남겼다. 그러자 그때까지 적어도 활자를 통한 대응만은 자제하고 있었던 아렌트가 마침내 반격에 나섰다. 그녀는 마찬가지로 〈뉴욕 리뷰 오브 북스〉에 실은 글을 통해 사실과 해석의 양 측면에서 로빈슨이 범한 오류들을 낱낱이 열거하며 명망 있는 역사가로 알려져 있던 그를 신랄하게 조롱했다.

아렌트는 자신을 가장 잘 지킬 수 있는 사람은 바로 자기 자신임을 증명했다. 그녀는 자신에 대한 각종 유대인 단체들과 이스라엘 정부("전 세계에 걸쳐 있는 이스라엘 정부의 영사관과 대사관, 그리고 사절단까지 포함한")의 합동 공세에 맞서 싸웠다. 아렌트는 그들의 동기와 판단에 대해 의구심을 나타냈다. 거기에는 그럴 만한 이유가 있었다.

"생애 첫 번째 경주에서 자신이 가장 피하고 싶었던 장애물에 한 치의 오차도 없이 정확하게 부딪힌 자전거 선수처럼, 로빈슨 씨의 힘센 조력자들도 결과적으로 그들이 가장 알리고 싶지 않은 사실인 유대인 학살에 있어서 유대인 지도자들이 수행한 역할을 홍보하는 데 모든 힘을 쏟아붓는 격이 되었다 … 결국 진실의 수호자는 이해관계 집단의 간부들이 아니라 … 기자와 역사가들, 그리고 궁극적으로는 시인들이다."

냉정한 어조로 전투에의 의지를 감추지 않고 써내려간 이 수필에서 그녀는 시의 진실성에 의지하는 자신의 마음을 내비쳤다.

아이히만 스캔들은 걷잡을 수 없을 정도로 커져 갔다. 설교단 앞에 선 유대교 지도자들은 그녀의 비난에 열을 올렸다. 이스라엘의 벤-구리온 수상도 아렌트를 옹호하는 미국 내 유대인들에게 그녀를 성토하는 편지를 보냈다. 항간에는 그가 케네디 행정부에 아렌트에 대한 불만을 표시했다는 소문까지 돌았다. 그녀는 사람들 앞에서는 별것 아닌 것처럼 허세를 부렸지만 마음속으로는 자신의 삶이 낱낱이 파헤쳐져 선정적 관심의 대상이 되어 가는 것에 충격과 두려움을 금할 수 없었다. 아렌트는 자신이나 블뤼허, 혹은 둘 모두가 미국 시민권을 잃을지도 모른다고 걱정할 정도로 무거운 압박감에 짓눌렸다. 그들 부부가 1951년과 1952년에 각각 어렵게 손에 넣은 시민권이었다. 그녀는 특히 전직 공산주의자라는 위험한 전력을 지닌 블뤼허가 시민권을 박탈당하지 않을까 우려했다. 설상가상으로 그해 가을, 그동안 한 번도 좋았던 적은 없었지만 더 이상 악화되지는 않고 있던 블뤼허의 건강이 다시 나빠지기 시작했다. 특히 심장이 문제였다. 아렌트는 나이보다 훨씬 늙어 보이지만 언제나 그녀의 "사방을 지켜주는 든든한 벽"이었던 자신의 사랑하는 남편에게 이제 생이 얼마 남지 않았다는 것은 "숨길 수 없는 현실"이라고 자신의 친구에게 털어놓았다.

아렌트가 그동안 누렸던 삶의 안락함과 동료들의 존경심을 한꺼번에 잃어버린 것은 실로 이상한 일이었다. 유대인 권력 구조의 상층부에 존재하는 "숨겨야 할 더러운 세탁물" 때문에 자신이 이렇게 된 것이 아닐까 하는 막연한 짐작은 있었지만, 그녀도 정확한 이유까지는 알 수 없었다. 그녀는 항상 삶의 방향에 대한 확신이 있었다. 스스로 세상으로부터 소외를 선택하여 자신이 즐겨 말하는 "떠돌이 신세"로 사는 것에도 익숙했다. 1941년 돈 한 푼 없이 미국에 도착한 이래, 아니 어쩌면 종종 감당할 수 없을 정도의 슬픔이 밀려들곤 했던 어린 시절 이래로 수많은 개인적인 어려움을 벗 삼아 살아온 그녀였다.

훗날 그녀가 아이히만 재판 당시 썼던 편지들이 1980년대와 1990년대 잇달아 출판되었지만, 그녀에 대한 유대인들의 평판을 호전시키는 데는 도움이 되지 못했다.(유대인들은 그녀에 대한 반감을 거두지 않았다.) 당시 야스퍼스에게 보낸 한 편지에서 그녀는 국적을 언급하며 재판관과 법률가들의 순위를 매겼다. 예를 들어 대법원 판사들에 대해서는 "독일 유대인 중 최고"라고 평했다. 반면 "전형적인 갈리시아[35] 유대인"인 하우스너는 "아마도 어떤 나라의 언어도 제대로 이해하지 못하는 사람일 것"이라고 혹평했다. 그녀는 법정 앞을 서성이던 "동양의 무례한 군중들"과 "할 줄 아는 말이라고는 히브리어밖에 없으며, 아랍인처럼 생긴 얼굴로 그녀에게 은근한 위협을 가하던 경찰"을 경멸했다. 프로이센 지방에서 자란 유대인에게서 흔히 나타나는 독일적 우월 의식의 일단을 엿볼 수 있는 평들이었다. 적

---

35 스페인 북서부 지방을 가리킨다.

어도 그녀의 사촌 조카인 에드너 브록의 눈에는 그렇게 비춰졌다.

"아렌트의 가장 친한 친구 중에는 동유대인(폴란드 등 동부 유럽의 유대인)도 있었다. 하지만 모든 것이 정치적인 문제가 되는 순간, 그녀의 마음 깊숙한 곳에 머물고 있던 의식들이 수면 위로 떠올랐다."

아렌트는 동부 유럽의 유대인들은 물론이고 다른 희생자들과 자신을 동일시하는 것을 꺼려했다. 하지만 그런 사실 때문에 그녀를 꼭 위선자라거나 성격상 결함이 있는 인물로 볼 필요는 없다. 그것은 아마도 "떠돌이 신세"의 장점에 대한 그녀의 과도한 믿음(너무 다른 사람들의 기대와 믿음을 아랑곳하지 않고 살아간 것)에서 비롯된 것일지도 모른다. 혹은 유대인들이 전적으로 결백하다는 사실을 받아들일 경우 자기 자신도 희생자가 될 수 있다고 생각한 탓일 수도 있다. 물론 어떤 경우가 됐든 그것 때문에 그녀가 곤경에 처하게 됐다는 사실에는 변함이 없다.

그로부터 몇 년간 아이히만을 둘러싼 논쟁은 조금씩 시들해져 갔다. 하지만 두 가지 일이 계속해서 그녀를 괴롭혔다. 그중 하나는 유명한 역사학자이자 유대 신비주의 연구의 권위자인 게르숌 숄렘[36]과 나눈 씁쓸한 편지 왕래였다. 아렌트는 베를린 토박이인 숄렘을 1930년대부터 알고 지냈다. 그는 당시에 이미 고인이 되었지만 생전에 오랫동안 아렌트와 많은 시간을 함께 보내며 문학에 대한 뜨거운 열정을 공유했던 발터 벤야민의 소꿉친구이기도 했다. 숄렘은 『예루

---

36 1897~1982. 독일계 유대인 철학자로 카발라(유대 신비주의 연구)를 창시했다.

살렘의 아이히만』을 읽자마자 그녀에게 유대인의 약점을 너무 강조한 나머지 "그녀의 설명이 객관적인 성격을 잃어버리고 악의를 가득 품은 것으로 변해버렸다."라고 말했다. 그는 아렌트가 "전적으로 자신들과 같은 동족의 딸이며, 그 외의 다른 길은 없다."라고 생각했기 때문에 "당신의 책은 거의 조롱에 가까운 어휘들을 빈번하게 동원하며 비정하고 악의에 찬 어조로 우리 민족의 내밀한 속살과 같은 문제를 다루고 있다."라고도 개탄했다. 그러고는 이렇게 덧붙이며, 편지에 게르숌이라는 자신의 히브리어 이름으로 서명했다.

"유대인의 전통에는 한마디로 정의 내리기는 어렵지만 충분히 구체적인 하나의 개념이 존재한다. 우리가 아하바스 이스라엘 (Ahabath Israel)로 알고 있는 '유대인에 대한 사랑'이 바로 그것이다 … 그런데 다른 독일 좌파 출신의 지식인들처럼 당신에게는 그런 흔적을 전혀 찾아볼 수가 없다."

그녀는 수신인을 게르하르트로 적은 답장을 그에게 보냈다. 게르숌의 독일어 이름이었다. 그녀는 (비록 그녀의 남편은 독일 좌파였지만) 자신이 독일 좌파였던 적은 없었다고 지적했다. 또한 자신을 "전적으로" 유대인의 딸로 보는 것에 대해 불쾌한 감정을 숨기지 않았다. 그는 자신이 유대인이라는 사실을 부정하고 있다고 말하고 싶은 것인가? 그것은 마치 자신이 여자라는 사실을 부정하는 것처럼 있을 수 없는 일이었다. 하지만 그럼에도 불구하고 아렌트는 "유대인 문제"가 곧 자신의 문제는 아니라고 주장했다. 그녀는 "늘 자신이 유대인으로 태어났다는 것을 부정할 수 없는 삶의 실체적 사실로 받아들이긴 했지만, 그 이상의 의미는 두지 않았기 때문"이다. 그녀가 비록 심인성 기억상실[37]에 시달리고 허세도 좀 있긴 했지만 언제나 진리만을 추구하는 탁월한 지성인임을 잘 아는 사람들이라면, 아마도 그녀다운 얘기라며 강하게 고개를 끄덕였을 법한 선언이었다. 그녀는 '아하바스 이스라엘'에 관해서는 숄렘의 얘기가 맞다고 수긍했다. 그녀 자신은 어떤 특정 민족이나 집단을 사랑한 적이 없었으며,("독일인도 프랑스인도 사랑하지 않았고, 미국인이나 노동계급도 마찬가지였다.") 오직 특정 사람들만을, 그중에서도 특히 그녀의 친구들을 사랑했기 때문이다.

"왜 당신이 현재의 나는 물론 심지어는 과거의 나에게도 전혀 어울리지 않는 딱지를 내게 붙이려고 그렇게 애를 쓰는지 정말 이해할 수 없다."

자신의 과거 친구에게 보내는 편지에서 아렌트는 자신이 얼마나 독특한 존재(전통적인 응대법이나 통상적인 예의범절 같은 것에는 큰 의미를 두지 않는, 의식 있고 똑똑한 아웃사이더)인지를 웅변으로 보여주고 있다.

편지에서 유대인 평의회를 비난하는 그녀의 목소리에 가만히 귀 기울여보면 숄렘이 악의로 잘못 받아들인 그녀의 열정의 정체가 무엇이었는지에 관해 깊은 통찰을 얻을 수 있다.

"바로 내 민족이 저지른 잘못이기 때문에 다른 사람이 범한 잘못

---

37 뇌 손상 등의 기질적 원인이 아니라 아동 학대와 같은 심리적 외상으로 인해 기억을 상실하는 것을 말한다.

보다 더 큰 슬픔을 내가 느끼는 것은 당연한 일이다." 그녀는 계속해서 이렇게 덧붙였다. "하지만 내 생각에 이런 슬픔은 비록 우리 내면 깊숙한 곳에서 어떤 행동과 태도를 결정하게 만드는 동기가 되는 것임에는 분명하지만, 그저 전시용에 그쳐서는 안 된다."

아렌트는 슬픔에만 사로잡혀 있는 사람은 상처받기 쉬운 나약한 존재에 불과하며, 진실을 발견하고자 노력하는 것이 사람을 강인하게 만드는 동기가 된다고 믿었다.

"그녀는 너무나 많은 사람들이 진실, 다시 말해서 그녀가 아이히만 책에서 서술한 진실에 눈을 감는 현실을 보고 놀라움을 금치 못했다." 뒤에 그녀의 사촌인 브록은 이렇게 회상했다. "아렌트는 똑같은 진실이 다른 사람들에게는 어떤 영향을 미칠 수 있는지에 대해 전혀 몰랐다."

전체적으로 봤을 때, 그녀는 인간 존재를 모든 측면에서 입체적으로 판단하고 싶어했다. 그녀는 유대인을 무력한 희생자로 보는 시선은 물론이고 유대인은 하늘에 의해 재능을 부여받은 유일한 선민이라는 견해("자기와 다른 것을 인정하지 못하는 맹목적 애국주의에서 유래하는 그 모든 관습적인 견해")에 대해서도 반감을 가졌다.

숄렘은 아렌트의 허락 이래 그들이 주고받은 편지를 예루살렘에서 출간했다. 하지만 많은 독자층을 거느린 영국의 예술 잡지 〈인카운터〉에 편지가 공개된 것은 그녀의 동의 없이 이루어진 일이었다. 그들은 다시는 서로 소식을 주고받지 않았다. 둘 사이의 교류는 "내가 봤을 때 완전히 끝장났다 … 한나의 성격 때문이다." 아렌트가 눈을 감은 지 4년 뒤인 1980년, 숄렘은 두 사람 모두와 친구로 지낸 다니엘 벨에게 쓴 편지에서 이렇게 말했다. 그는 계속해서 "그것은 두 번 다시 겪고 싶지 않은 쓰디쓴 논쟁이었다."라고 씁쓸하게 말했는데, 그런 심정은 아렌트도 마찬가지였을 것이다.

다른 불상사들도 있었다. 아직 아이히만 스캔들이 널리 알려지기 전인 1963년 5월, 그녀는 이탈리아 시실리에 있는 호텔에서 예루살렘으로 떠나기 위해 짐을 꾸렸다. 그녀의 가장 오래된 친구이자 아마도 그녀가 가장 소중하게 생각하는 친구였을 쿠르트 블루멘펠트와 화해를 모색하기 위해서였다. 그는 병이 들어 죽어 가고 있었기 때문에 『예루살렘의 아이히만』을 읽을 수 없었지만, 다른 사람들로부터 책의 내용을 들어서 알고 있었다. 아렌트는 그가 단순히 화를 내는 정도를 넘어 불같이 분노하는 바람에 그의 건강을 걱정한 주변 사람들이 책에 대한 비난을 만류해야 할 정도라는 얘기를 들었다. 예루살렘에 도착한 아렌트는 에드너 브록과 함께 블루멘펠트가 여생을 보내고 있는 호스피스 병원으로 향했다. 아렌트는 자신의 생각을 듣게 되면 그가 더 이상 화를 내지 않을 것이라고 믿었다. 둘이 대화를 나누었는지는 명확하지 않았다. 브록은 블루멘펠트가 아렌트와 만나기를 거부했거나 아니면 그의 아내와 자식들이 둘의 만남을 가로막았거나, 둘 중 한 가지 이유 때문에 아렌트가 그와 얘기를 하지 못했다고 기억했다. 반면에 아렌트의 친구이자 그녀의 전기를 집필한 엘리자베스 영-브륄[38]은 두 사람이 대화를 나누었다고 말했다. 어느 경우라도 둘 사이에 화해는 없었다. 브록은 택시를 타고 자신의 부모님이 사는 집으로 돌아오는 내내 아렌트가 "상심하고 낙담한 모습"이었다고 회상했다.

블루멘펠트는 그로부터 4일 뒤 세상을 떠났다.

---

38 안느 멘델스존의 권유로 『한나 아렌트 : 세계 사랑을 위하여』라는 제목의 한나 아렌트 전기를 썼다.

아버지의 죽음

쾨니히스베르크, 1906 – 1923

모든 생각은 뒤늦게 떠오른 것이다

— 한나 아렌트, 권터 가우스와의 인터뷰(1964)[1]

아이히만이 단체에 소속된 인물이라면, 한나 아렌트는 어린 시절부터 어디에 얽매임이 없는, 그래서 때때로 고독해 보이기까지 하는 사람이었다.

1906년 10월 14일, 독일에서 파울과 마르타 아렌트 부부의 무남독녀로 태어난 아렌트는 높은 도덕적 기준과 이상, 그리고 사회적·정치적 낙관주의가 지배했던 제1차 세계대전 이전의 (아마 앞으로 다시는 보기 어려울) 사회적인 분위기 속에서 성장했다. 집집마다 모차르트와 괴테, 그리고 고대 독일의 우화들을 곁에 놓고 즐기던 시절이었다. 당시에는 개인들이 무언가를 성취하는 것은 너무 당연한 일이었기 때문에 "야망(을 말하는 것)은 열등한 것으로 취급되었다."라고 뒤에 아렌트는 말했다.

"나는 도덕적인 행위는 당연하다는 전제가 상식인 사회에서 성장했다."

---

1 1964년 10월 28일, 독일 ZDF TV로 방송되었던 인터뷰였다. 권터 가우스(1929-2004)는 독일 언론인 겸 정치인이었다.

그녀는 유럽에서 태어난 재능 있는 유대인 소녀에게 마지막으로 허락된 최고의 양육 환경 아래 어린 시절을 보냈다.

그녀는 자부심을 가질 만한 전통 있는 가문 출신이었다. 그녀가 항상 자신감이 넘치고 때때로 오만해 보이기까지 한 데는 이런 영향이 크게 작용했다. 그녀의 고조부와 증조부는 러시아에서 상업과 무역업으로 큰 부를 축적한 사람들이었다. 그들은 유대인 계몽운동[2] 시기에 짜르 치하의 러시아를 떠나 독일로 향했다. 그들이 정착한 곳은 프러시아 동쪽 끝에 있는 발틱해 연안의 도시, 쾨니히스베르크였다. 러시아 국경과는 160킬로미터도 채 떨어져 있지 않은 곳으로, 한가운데 우뚝 서 있는 성을 비롯한 모든 것들이 동화에 나오는 마을처럼 아름다운 도시였다. 그곳에서 아렌트의 외조부인 콘(Cohn)은 나날이 번창하는 차 농장을 운영했다. 쾨니히스베르크에서 가장 큰 개인회사였다. 이제 은퇴한 상인이 된 그녀의 친할아버지 막스 아렌트도 마을 사람들 사이에서 신망받는 지도자였다. 파울은 한때 임마누엘 칸트와 모제스 멘델스존[3]이 강의를 하기도 했던 쾨니히스베르크의 알베르티나 대학에서 공학을 전공했고, 마르타는 파리에서 3년간 유학을 하며 음악과 프랑스어를 공부했다. 그들은 1812년 프러시아에서의 유대인 해방[4] 이래 나타나기 시작한 새로운 유형의 독

---

2 18세기 및 19세기 후반 중부 및 동부 유럽에 거주하던 유대인들 사이에서 유대 민족의 보존 및 도덕적 쇄신 등을 기치로 전개된 계몽주의 운동였다.
3 독일 계몽시대의 철학자로, 작곡가이자 피아니스트로 유명한 펠릭스 멘델스존의 조부였다.
4 "해방칙령"의 발표로 유대인들이 시민권을 부여받고 거주이전의 자유 등을 보장받은 사건을 말한다.

일 유대인들(종교적으로는 불가지론자들이고, 정치적으로는 자유주의자들이며, 직업적으로는 고등교육을 받은 전문직 종사자들)의 본격적인 첫 세대에 해당하는 인물들이었다. 그들의 친구와 동료들도 모두 의사, 변호사, 판사, 심리학자, 그리고 과학자들이다. 나중에 어느 인터뷰에서 한나가 자신의 삶을 찾아 집을 떠나기 전까지 "부모님들은 내가 유대인이라는 사실을 알려주지 않았다."라고 밝힌 것처럼, 파울과 마르타 부부는 그들의 하나뿐인 딸, 눈빛이 초롱초롱한 한나가 태어났을 때 그녀의 혈관 속을 흐르는 유대인의 피가 그녀의 행복에 걸림돌이 될 것이라고는 꿈에도 생각하지 못했다. 비록 그녀가 나중에는 핏줄과 국적으로 자신의 정체성을 규정하는 것에 대해 강한 거부감을 나타내기는 했지만, 미래에 그녀의 친구가 되는 브루노 베틀하임[5]과 한스 요나스, 알베르트 아인슈타인과 마찬가지로 그녀는 스스로를 독일인으로 생각하면서 자라났다.

한나는 독일 중부에 위치한 린덴에서 태어났다. 제1차 세계대전 이전의 놀라운 성장세를 구가하고 있던 독일 산업의 중심지 중 하나로, 그녀의 아버지가 전기 기사로 일하고 있던 하노버에서 가까운 곳이었다. 그녀가 린덴에서 보낸 2년 반의 세월은 한마디로 안락함 그 자체였다. 그녀는 항상 활기가 넘치는 광장 옆에 위치한 큰 집에서 쉽게 찾아보기 힘든 그리스어와 라틴어 서적들로 빽빽한 아버지의 서재와 어머니의 음악, 독실한 기독교 신자인 친절한 유모들에 둘

---

5 오스트리아계 미국 정신분석가였다.

러싸여 지냈다. 말 그대로 어린아이가 받아 마땅한 보살핌을 완벽히 누리며 자란 시절이었다. 누구보다 가슴이 따뜻하고 자녀를 지극히 사랑한 그녀의 어머니 마르타(괴테가 주창한 진보적 자녀 양육 이론의 신봉자이자 스파르타쿠스 동맹[6]의 설립자인 로자 룩셈부르크 같은 좌파 정치사상가들의 옹호자였다.)는 자신이 육아 일기에 적은 대로 유아기의 "내적 각성"이 일어나고 있었던 검은 머리의 어린 소녀에게 늘 큰 목소리로 책을 읽어주거나 노래를 불러주었다. 아장아장 걸음을 옮기며 끊임없이 무언가를 재잘대던 갓난아이 한나는 나중에 여섯 살이 되었을 무렵 어른처럼 추상적인 사고를 할 줄 아는 어린아이로 주위 사람을 놀라게 했다고 한다. 어린 한나는 산수를 좋아했고, 음악도 실기보다는 이론을 더 선호했다. 하지만 평생 숙명처럼 그녀를 따라다닌 망명의 굴레도 역시 일찍부터 시작되었다. 미처 말도 다 배우지 못한 한나는 그녀의 어머니가 "햇살 가득한" 어린 시절이라고 부르곤 했던 예측 가능하고 안전한 세상에 더 이상 머물 수 없었다. 이제 그녀를 기다리는 것은 상실과 혼란뿐이었다. 그녀의 부모는 린덴을 떠나 고향인 쾨니히스베르크로 돌아갔다. 아마도 아렌트에게 평생의 가장 큰 화두였을 '어디에도 정착할 곳이 없이 떠도는 사람들의 취약함'이라는 주제를 안겨준 일련의 비자발적 이주 중 첫 번째에 해당하는 사건이었다.

그것은 병 때문에 어쩔 수 없이 결정한 이사였다. 한나의 아버

---

6 고대 로마에서 노예들의 계급투쟁을 이끌었던 검투사인 스파르타쿠스의 이름을 딴 독일의 급진 사회주의 혁명 단체로 뒤에 독일 공산당이 되었다.

지 파울은 매독 보균자였다. 그가 병에 처음 감염된 것은 1902년으로, 아직 결혼 전이었다. 그와 마르타는 매독이 그들의 결혼과 자녀 양육에 어떤 위험을 끼칠지에 대해 서로 의논했다. 하지만 당시에는 매독의 위험성에 대해 누구도 제대로 알지 못했다. 그들은 말라리아열을 유도하는 방법을 사용하는 당시의 표준적인 매독 치료를 받은 뒤 파울의 초기 증상이 빠른 속도로 사라지자, 그의 병이 완치되었거나 적어도 다시 악화되지는 않을 것이라고 믿었다. 하지만 병은 단지 잠복기에 접어든 것뿐이었다. 얼마 지나지 않아서 병의 진행을 알리는 숨길 수 없는 징조들이 차례로 모습을 드러냈다. 1909년이 되자 파울의 팔다리는 허약해질 대로 허약해져 더 이상 일을 할 수 없는 지경이 되었다. 결국 파울 부부와 한나는 그들의 대가족이 살고 있고, 가까이에 대학 병원이 있는 쾨니히스베르크로 돌아갔다. 한나가 세 살이 채 되지 않았을 무렵이었다. 파울은 그로부터 한나의 일곱 번째 생일이 조금 지날 때까지 4년 반을 더 살았다. 살아 있는 동안 그의 증상은 나날이 악화되었고 병세는 한순간도 호전되지 못했다. 균형 감각의 상실이 가장 먼저 그를 찾아왔다. 그는 자주 발을 헛딛고 비틀거렸으며, 누구도 예측하지 못한 순간에 사람들 앞에서 쓰러졌다. 몸에도 발진과 염증으로 인한 상처와 종양들이 생기기 시작했다. 그뿐만 아니었다. 파울의 정신 상태도 계속 황폐해져 갔다. 발작과 마비, 조증이 번갈아가며 그를 괴롭혔고, 파울은 눈을 감는 마지막 순간까지 치매에 시달렸다. 한나는 거의 매일 아버지와 함께 시간을 보냈다. 처음에는 가로수가 줄지어 늘어선 쾨니히스베르크 거리의 그녀 집에서, 그리고 나중에는 정신병원에서, 그녀는 파울이 자신을 알아보지 못하는 마지막 순간까지 아버지 곁을 지켰던 것이다. 병마에 시달리는 파울이 보여주는 흐트러지고 사나운 분위기, 무기력과 고통에 시달리는 모습, 그리고 빈번하게 그를 찾아오는 발광 같은 것들은 틀림없이 어린 소녀를 겁에 질리게 만들었을 것이다. 하지만 그녀의 어머니 마르타의 일기에 따르면 한나는 두려움이나 반감을 보이지 않았다.

"한나는 아버지를 위해 밤낮으로 기도했다. 누구도 그녀에게 그렇게 하라고 가르치지 않았다.(혹시 독실한 기독교 신자인 그녀의 보모가 그랬을 수는 있다.) 한나는 (아버지의 죽음을) 슬픈 일이라고 여겼다. 하지만 그건 나를 생각해서였다 … 한나 자신은 아버지의 죽음을 의연하게 받아들였다."

물론 어린 한나가 아버지의 힘겨운 와병과 죽음에 의해서 어떤 영향도 받지 않았다는 것은 사실이 아니다. 그것은 그녀가 삶에서 처음으로 경험한 소중한 사람과의 이별이었고, 미래에 닥쳐올 또 다른 헤어짐에 대해 준비해야 된다는 사실을 일깨워준 사건이었다. 폴의 사망 뒤 수년간 한나는 쇼핑과 문화 탐방을 위해 파리나 베를린을 즐겨 찾던 자신의 어머니가 집을 비울 때면, 어김없이 목과 귀의 감염 증세, 기침과 열에 시달리곤 했다.

"아이는 엄마에게서 떨어지면 안 돼요."

아버지의 병세가 악화되어 가자 아직 네 살에 불과한 나이에 마치 가르치기라도 하듯 마르타에게 이렇게 말했던 한나였다. 그녀는 아버지가 사망한 뒤 성인이 될 때까지 반 년마다 새로운 바서만 검사법(피와 척수액을 뽑아서 매독에 대한 양성반응 여부를 검사하는 기법으로 잦은 오진 탓에 악명이 높았음)을 이용한 선천성 매독 검사를 받아야 했다. 보는 이마다 칭찬을 아끼지 않을 정도로 뛰어난 지적 능력을 타고난 한나에게 이런 상황은 한편으로는 불안을, 그리고 다른 한편으로는 그것과 동전의 양면과도 같은 관계인 불굴의 용기를 불러일으켰음이 분명했다. 파울의 투병 생활이 사람들에게 공개되지는 않았지만, 그의 병세가 악화된 원인을 가족들만 알고 있는 비밀로 유지하는 것은 불가능했을 것이다. 따라서 쾨니히스베르크에 있는 작은 유대인 공동체에서 함께 살아가고 있던 한나 할아버지의 친구와 동료들, 그녀의 친척 아저씨와 아줌마들, 그리고 사촌들은 한나가 자라며 사귀었던 여러 친구들과 마찬가지로, 파울이 당시 "부랑자의 질병"으로 불릴 뿐만 아니라 매춘 때문에 전파된다고 여겨지던 병에 걸려 죽어가고 있다는 사실을 알게 되었을 것이다. 만일 한나가 두려움이나 슬픔, 부끄러움 같은 자신의 취약성을 감추는 법을 어딘가에서 배웠다면, 그것은 그녀가 나중에 자신의 교수인 마르틴 하이데거에게 보낸 편지에 적은 것처럼, 일찍부터 "버림받은 느낌"이라는 고통스러운 경험을 겪었기 때문일 것이다. 그녀는 「그늘」이라는 자전적 에세이에서 어린 시절에 자신을 지켜준 정신적인 피신처를 어떻게 얻게 되었는지 언급하고 있다.

"비록 그녀의 예민함과 나약함이 … 터무니없을 정도로 극심해졌지만 … 이 항거불능의 사람을 덮친 불행은 그녀에게 어떤 상처도 남기지 못했다 … 그녀에게 일어난 모든 일들이 … 그녀의 영혼 속 깊은 곳으로 침잠해 들어갔고, 그곳에 봉인된 채 외부와 철저하게 고립되었다."

어린 시절부터 고통을 겪으면서 언제부터인가 그녀의 내면에는 몇몇 강력한 방어기제들이 생겨나기 시작했다. 자기 신뢰, 반항, 공격적인 자부심, 그리고 대학 친구인 한스 요나스가 지적한 것처럼 스트레스가 심한 상황에서 나오는 "아는 체하는 태도"가 그런 것들이었다. 아주 오랜 시간이 흐른 뒤에 그녀는 덴마크 작가 이자크 디네센(그녀의 아버지도 파울처럼 매독을 앓았다.)[7]을 찬양하는 한 에세이에서, 고통을 없애주는 치료약으로서 이야기하기의 효용을 높이 평가했다. 그렇지만 정작 그녀는 자기 아버지의 질병에 대해서는 누구에게도 말하지 않았다. 아마도 그녀가 거의 모든 것을 털어놓고 지냈던 자신의 두 번째 남편, 하인리히 블뤼허만이 유일한 예외였을 것이다. 한나는 파울의 질병에 대해 글을 쓴 적도 없었다. 그녀가 자신의 아버지에 대해 남에게 말한 것이라고는 그가 젊은 나이에 세상을 떠났다는 사실이 전부였다.

파울 아렌트는 1913년 10월 30일에 세상을 떠났다. 다음 해 8월, 독일의 대러시아 선전포고로 제1차 세계대전이 시작되었다. 마르타와 한나는 자신들이 러시아 서쪽 국경으로부터 열차로 하루 거리도 안 되는 곳에 위치하고 있음을 깨닫고, 친척들과 함께 쾨니히스베르

---

7 영국과 미국에서는 이자크 디네센이라는 필명으로 소설을 썼던 덴마크 작가 카렌 블릭센이다. 『바베트의 만찬』, 『아웃 오브 아프리카』 등의 소설을 썼다.

크에 사는 다른 수많은 사람들처럼 피난 보따리를 꾸려 기차 화물칸에 몸을 실었다. 좀 더 서쪽에 위치한 안전한 독일 중부지방으로 떠나는 기차였다. 베를린에서 약 두 달 반을 머문 두 모녀는 러시아가 쾨니히스베르크를 침범하지 않는다는 사실이 명백해지자 다시 집으로 돌아왔다.

1914년 가을, 여덟 살이 된 한나는 나머지 전쟁 기간 동안 마르타와 함께 쾨니히스베르크의 집에서 살 수 있었다. 하지만 전시로 인한 음식과 연료의 극심한 부족, 엄격히 통제된 상거래와 여행, 만성적인 감기와 질병, 그리고 고립된 생활은 한나에게서 풍요로운 어린 시절을 앗아가버렸다. 특히 러시아와의 무역을 토대로 부를 쌓아 올린 아렌트 가문과 콘 가문에게 독일과 러시아의 전쟁은 치명적이었다. 전쟁의 양상이 독일에게 불리한 국면으로 바뀔 무렵 두 가문의 부는 급격하게 쇠락했고, 1918년 무렵에는 마르타가 상속받은 재산으로 더 이상 두 모녀가 중산층의 삶을 지탱할 수 없는 지경에 이르게 되었다. 생활비를 벌충하기 위해 하숙을 치기 시작한 마르타는 1920년에 노동계급 출신의 유대인 홀아비였던 마르틴 비어발트의 청혼을 받고 이를 수락했다. 제대로 된 교육을 받지 못하고 성장했지만 자수성가한 비어발트는 전통에 대한 집착이 강한 인물로, 친척이 운영하는 철물점에 동업자로 일하고 있었다. 결혼 전 마르타의 환심을 사기 위해 일요일이면 한나를 태우고 놀아주었던 나무 마차도 철물점 소유였다.

재혼한 마르타는 이제 열세 살이 된 한나와 함께 비어발트와 그의 장성한 두 딸이 살고 있는 집으로 들어갔다. 한나가 파울과 함께 살았고 투병 중인 아버지를 돌보았던 집과는 겨우 두 블록밖에 떨어지지 않았지만, 그녀에게는 마치 다른 세상에 속하는 집처럼 아득히 멀게 느껴지는 곳이었다.

한나는 극심한 박탈감과 분노에 시달렸다. 그녀가 새로운 환경에 적응하지 못한 것은 당연한 일이었다. 그녀는 자신이 마르타의 관심을 양아버지나 이복 언니들과 나누어 가져야 한다는 사실을 무시했다. 비어발트는 아렌트 가문이나 콘 가문의 사람들만큼 많이 배우고 부유한 사람은 아니었지만 패전 뒤 혼란스러운(그리고 궁극적으로는 재앙이 된) 독일의 경제적인 상황 속에서 마르타 모녀에게 재정적으로 안정된 삶을 제공했다. 아마 그는 그 반대급부로 한나가 전통적인 관점에서 훌륭하다고 여겨지는 행동을 해주기를 기대했을 것이다. 그러나 한나는 성질을 부리며 반항을 했다. 부모의 말을 거역한 채 집을 몰래 빠져나가 멀리 떨어진 곳에 있는 친구의 집에서 하룻밤을 보내기도 했다. 모제스 멘델스존의 후손으로 그녀가 새롭게 사귄 안느 멘델스존의 집이었다. 안느는 이후 한나와 평생 연락을 주고받는 친구가 되었다. 비스마르크풍의 콧수염을 기르고 전통적이고 가부장적인 권위 의식을 갖고 있던 비어발트는 새로 맞이한 어린 딸이 보여주는 고의적인 일탈과 반항, 지적인 조숙함과 거만한 태도, 그리고 침울함(한나가 「그늘」에서 청소년 시절 자신의 마음 상태라고 표현했던 "무언가를 꿈꾸는 듯, 마법에라도 걸린 듯, 혼자만의 세계에서 지낸 고립") 때문에 절망한 기색이 역력했다. 한나는 어머니의 재혼 후

계속되는 "둔통"에서 벗어나기 위해 독서와 시 쓰기, 그리고 독일어와 그리스어와 라틴어 공부에 매진했다. 그녀는 에드너 브록의 아버지인 에른스트 휘에르스트를 포함한 일단의 사촌들과 학교 친구들을 모아 그리스어를 공부하는 동호회를 만들기도 했다. 그녀가 당시 독일의 여러 대학에서 유행하고 있던 스터디 그룹들을 본떠서 만든 "그리스 동호회"의 회원들은 주로 한나의 침실에 모여 호머풍의 6보격 운율시를 읽고 해석했다. 뒤에 안느 멘델스존이 회상한 대로 이 무렵의 그녀는 칸트와 카를 야스퍼스의 저서들을 포함해서 "거의 모든 책"을 섭렵했고, 호리호리한 몸매에 검은 눈을 가진 한나는 특출한 재능을 가진 소년들의 마음을 사로잡기 시작했다. 그녀의 첫 번째 남자 친구는 안느 멘델스존의 사촌오빠로 한나보다 네 살 연상인 에른스트 그루마흐였다. 뒤에 괴테 학파의 일원이 되는 그루마흐는 당시 알베르티나 대학에서 언어학 박사과정을 밟고 있었다. 한나는 열다섯 살 무렵부터 그녀 주변의 모든 영특한 소년들을 매료시켰다. 그들은 한 명의 예외 없이 한눈에 그녀에게 반했다. 하지만 곧 한 명의 뛰어난 남성이 나타나 자신의 어린 경쟁자들을 모두 제치고 한나의 마음을 사로잡아버렸다. 바로 마르틴 하이데거였다.

만일 한나의 부모님이 그녀에게 유대인이라는 사실을 알리지 않았더라도 그녀의 할아버지 막스 아렌트는 그녀가 그것을 모른 채로 살게 내버려두지 않았을 것이다. 또 그것이 아니더라도 마을에 함께 사는 기독교 신자들이 그녀의 정체성을 끊임없이 상기시켜주었을 것이다. 당시 독일을 포함한 유럽의 어떤 지역도 반유대주의 정서로부터 완전히 자유로운 곳은 없었기 때문이다. 상대적으로 평화로운 시기에도, 그리고 권력의 중심으로부터 멀리 떨어진 곳에서도 마찬가지였다. 전직 쾨니히스베르크 시의회의 의장인 막스는 한나의 아버지 파울이 가장 어려운 시기에 거의 매일같이 손녀 한나의 친구가 되어준 사람이었다. 막스가 병으로 파울보다 몇 달 앞서 세상을 뜰 때까지 증조부와 손녀는 많은 시간을 함께했다. 한나는 자신의 어린 시절에 대해 얘기할 때 종종 두 사람을 혼동했다. 뒤에 그녀는 자신이 과거에 파울과 함께 오랜 시간 기분 좋게 거닐곤 했다고 회상했는데, 그것도 사실은 막스와 함께한 산책이었다. 쾨니히스베르크 내 개혁 유대교파의 중심인물이었던 막스는 매주 한나를 안식일 예배에 데려갔다. 그는 1890년대에 반유대주의에 맞서 싸우기 위해 베를린에서 결성된 '유대교를 믿는 독일 시민 중앙회'의 열성 회원이기도 했다. '중앙회'는 시오니즘에 강력하게 반대했는데, 당시 알베르티나 대학에서 법학을 공부하는 학생이었던 막스는 시온주의자 대학생 조직을 이끌고 있었던 젊은 쿠르트 블루멘펠트와 열띤 토론을 벌이기도 했다. 아마 두 사람이 당시 팔레스타인 지방에 유대인만의 나라를 건설한다는 기치 아래 급격하게 세를 불려가고 있던 시온주의 운동에 대해 논쟁하던 현장에 어린 한나도 있었을지 모른다. 자신이 살고 있는 나라에 동화된 많은 다른 유대인들처럼 막스도 독일인과 유대인이라는 자신의 두 가지 정체성 사이에서 어떤 갈등도 느끼지 않았고, 자신이 태어난 나라를 떠나서 산다는 생각을 비웃었다.

"(그는) 독일인으로서의 자신의 정체성에 의문을 던지는 그 어떤 주장도 받아들이려고 하지 않았다."

엘리자베스 영 - 브륄은 한나 아렌트의 전기에서 이렇게 적었다. 블루멘펠트도 "독일인이라는 사실을 공격당하느니 차라리 살인을 택하겠다."라고 목소리를 높이던 막스를 기억했다. 1930년대에 독일 시온주의자 연맹을 이끈 블루멘펠트는 한나가 아장아장 걸음을 떼던 무렵에는 그녀와 바닥에서 장난을 치며 함께 놀아주었고, 한나가 이십 대일 때는 잠시 그녀에게 연정을 느끼기도 했다. 또한 그는 시온주의를 연구할 목적으로 한나를 고용함으로써 그녀가 1933년 독일에서 탈출해야 하는 이유를 제공했으며,『예루살렘의 아이히만』이 출판되기 전까지 그녀를 딸처럼 아꼈던 인물이었다. 이런 점들만 놓고 봐도 한나가 자신이 유대인이며, 유대인이라는 것이 무언가 문제를 야기한다는 사실을 알고 있었던 것은 분명하다. 물론 그녀가 유대인이라는 사실이 어떤 특별한 골칫거리나 열등감을 안겨준다고까지 생각한 것은 아니었다. 한나는 1964년에 독일의 한 방송국에서 귄터 가우스와 진행한 인터뷰에서 자신은 한 번도 유대인이라는 사실 때문에 열등감을 느낀 적이 없으며, 또 자신에게 그래야 한다고 얘기한 사람도 없었다고 말했다.

블루멘펠트의 주장에는 나름대로 이유가 있었다. 블루멘펠트의 부모는 각각 판사와 음악가로 파울과 마르타처럼 독일에 동화된 교양 있는 자유주의자들이었다. 그런 양친 밑에서 자란 블루멘펠트는 초기 세대의 시온주의자들에 비해 러시아와 폴란드 지방의 유대인들, 즉 동유대인들의 궁핍한 삶을 향상시키는 문제에 대해서는 관심이 덜했다. 그의 목적은 자신과 한나의 부모들처럼 유대인으로서의 정체성을 상실하고, 그로 인해 영적 지속성과 삶의 의미를 부여하는 원천을 잃어버린 중산계층 유대인 남녀들에게 시온주의 정신과 유대인으로서의 단결의 필요성을 불어넣는 것이었다. 아무리 자기들끼리 조용한 목소리로 얘기하며 애써 감추려고 해도 유럽 사람들이 모든 유대인들을 경멸의 시선으로 바라본다는 것은 누구나 알 수 있었고, 이 때문에 유대인들은 공포심까지는 아니더라도 수치심을 느끼며 사는 것을 피할 수 없었다. 그런 유럽 문화권에서 동화된 중산계층의 유대인과 동유대인을 분리해서 생각하는 것은 무의미하다고 그는 믿었다. 한참의 시간이 흐른 뒤에 한나는 이런 블루멘펠트의 생각이 적어도 부분적으로는 맞다고 인정했다. 하지만 젊은 날의 그녀는 자신이 못 배우고 조롱의 대상이 되는 사람들하고는 다르다고 생각했다. 위에서 말한 가우스와의 인터뷰에서 그녀는 반유대주의가 "많은 어린아이들의 영혼에 씻을 수 없는 상처를 남겼다."라고 말하긴 했지만, 정작 그녀의 영혼은 그것으로부터 어떤 피해도 입지 않았다.

"어머니는 항상 반유대주의 때문에 괴로움을 받아서는 안 된다고 나에게 타이르셨다."

마르타는 다른 어린아이들이 놀리더라도 자신의 딸이 슬기롭게 대처하기를 바랐다. 마르타에게는 다른 면모도 있었다. 한나는 선생님들이 반유대주의적인 얘기를 할 때면 어머니의 가르침대로 그냥 교실을 나와서 집으로 왔다고 회상했다. 그러면 마르타는 "그녀가 수없이 작성한 항의 서한들 중 하나"를 써서 학교 당국에 보내곤 했다. 자신의 존엄성을 지키기 위한 마르타만의 방식이었다. 하지만 불쾌한 말을 들은 것은 "대부분 내가 아니라 다른 유대인 소녀들, 특히 동유대인 학생들"이었다고 한나는 기억했다. 그녀와는 입은 옷도 다르고, 독일어도 제대로 구사하지 못하는 소녀들이었다.

막스의 친구인 블루멘펠트에 의해 구체화된 새로운 시온주의의 물결이 일어난 1910년대 이전까지, 많은 유대인 지도자들은 사람들이 흔히(그리고 불길한 어조로) 말하는 "유대인 문제"의 중심에 동유대인들이 있다고 느꼈다. 성인이 된 뒤 카를 야스퍼스에게 보낸 편지에서 한나는 자신이 청소년 시절에 "소위 '유대인 문제'에 대해서는 따분하게 여겼다."라고 말했다.

"내 성장 배경 탓에 나는 문제를 너무 순진하게 바라봤어요."

하지만 그녀는 성인이 돼서도 종종 자신이 개인적으로 동유럽인들을 싫어한다는 사실을 보여주곤 했다. 아마 그녀가 어린 시절에 습득한 행동 규칙 중 하나(적어도 어느 누구도 공격받은 사람이 없을 때)는 사람들이 자신을 선생님들로부터 놀림 받는 소녀들 중 한 명으로 오인하지 않게 행동함으로써 자신이 희생자가 되지 않도록 만드는 것이었을 것이다.

어쨌든 열다섯이 된 한나에게 굳은 신념으로 스스로 떨쳐 일어나는 법을 배우게 만든 사건이 일어난다. 선생님 중 한 명이 얘기한 내용에 격분한 한나가 해당 선생님의 수업을 거부하자는 운동을 벌였고, 이 때문에 학교로부터 퇴학 처분을 받은 것이다. 딸의 편을 잘 들어주는 엄마였던 마르타는 한나가 베를린 대학에서 중등교육을 마칠 수 있도록 손을 썼다. 어머니의 도움으로 비어발트의 집을 벗어난 소녀는 베를린에서 당대 유럽의 위대한 사상가들과 함께 하는 10년짜리 학습 프로그램을 시작하게 되었다. 그들 중에는 가톨릭 실존주의 신학자로 그녀에게 신약성서를 가르친 교수이자, 그녀로 하여금 키에르케고르에 대한 사랑을 일깨워준 로마노 구아르디니[8]도 포함되어 있었다. 구아르디니는 한나가 쓴 최고의 작품들 여러 편에 영감을 주었으며, 미래에 그녀의 스승이 되는 하이데거 및 야스퍼스와의 영적 교감을 가능하게 만들어준 기독교 신학에 대한 평생의 관심도 그로부터 비롯된 것이었다.

한나는 당초 계획보다 일 년 앞서 대학 입학시험에 합격했다. 1924년, 그녀는 대학생이 될 준비가 되어 있었다. 하지만 문제는 비어발트였다. 그는 한나를 도울 형편이 되지 못했다. 전쟁 뒤의 불경기에 이어서 불어닥친 물가 상승의 광풍은 유례가 없을 정도로 파괴적이었다. 이로 인해 연일 대규모 실업과 파업이 이어졌고, 수많은 소기업들을 집어삼킨 인수 합병의 행렬 속에 소시민들이 오랫동안 누려왔던 독립적인 삶의 양식은 급속하게 해체되어 갔다. 결국 아이히만처럼 비어발트도 쥐꼬리만 한 월급을 받고 방문 판매원 일을 시작했다.

---

8 1885~1968. 독일의 가톨릭 신학자이자 종교철학자였다.

마지막 순간 그녀에게 한줄기 빛이 찾아왔다. 아직까지 경제적
으로 여유가 있던, 한나 아버지 쪽으로 처삼촌이 되는 친척이 장래가
촉망되는 이 젊은 여성의 대학 교육을 책임지겠다고 나선 것이다.
그녀가 열여덟 살 때의 일이었다.

칠사조

마음속의 풍경, 1924~1932

그러므로 사색의 나라에서는 은둔의 왕이 다스린다.

— 한나 아렌트, "팔십 무렵의 하이데거"(1971)[1]

한나 아렌트와 안느 멘델스존의 사촌인 에른스트 그루마흐와의 로맨스는 오래가지 못했다. 1922년에 한나가 베를린으로 떠난 뒤 관계가 소원해진 두 사람은 그루마흐가 알베르티나 대학을 떠나 프랑크푸르트 인근에 있는 마르부르크 대학에 편입한 1923년에 연인 관계를 완전히 정리했다. 이 젊은 청년은 우연한 기회에 당시 마르부르크 대학의 반체제적 철학 교수로 들불처럼 명성이 높아지고 있던 마르틴 하이데거의 강의를 접한 뒤 그에게 매료되어 마치 성지순례라도 하듯이 그의 수업을 모두 찾아다니며 들었다. 그루마흐의 추천을 받은 아렌트도 곧 그와 같은 길을 밟게 되었다. 아렌트의 인생과 "사상" 모두에 중대한 결과를 초래한 만남이 이렇게 시작되었다.

한나가 신학, 철학 및 고전학을 공부하는 학생이 되어 16세기에 설립된 프로테스탄트 대학교인 마르부르크의 교정을 밟은 것은

---

1 《더 뉴욕 리뷰 오브 북스》, 1971년 10월 21일 자에 실린 글이다.

1924년 늦가을의 일이었다. 그녀는 즉시 하이데거가 마르부르크 대학에 와서 두 번째로 개설한 '아리스토텔레스 철학의 기본 개념'이라는 강의에 등록했다. 그녀는 플라톤의 『대화』 중 「소피스트」를 그리스어로 한 줄씩 감상해 나가는 하이데거의 소규모 세미나에도 등록했다. 아직 스무 살이 채 되지 않은 이 사랑스러운 여성이 "위대한 통찰력"과 "연약한 영혼"을 지니고 있다는 사실을 하이데거가 처음으로 알게 되었을 뿐 아니라, 첫눈에 그의 마음을 사로잡은 그녀를 영원히 자신의 연인으로 만들겠다고 결심한 바로 그 세미나였다.

35세의 하이데거는 비록 키는 작았지만 낭만적인 데다 우수에 찬 눈빛을 가진 매력적인 인물로, 사상가와 교수로서의 모든 활동에서 사람들을 열광시키고 있었다. 그는 500년 역사를 가진 산림 지대의 농가 출신이었다. 신학대학에서 공부를 한 하이데거는 기묘한 옷차림으로 유명했다. 하이데거는 슈바벤 알프스 지방의 농촌 지역인 메스키르흐에 있는 자신의 어릴 적 고향 마을처럼 산업화 이전 사회의 풍경을 갈망하던 자신의 마음을 표현하기 위해 늘 헐렁한 바지와 농민들이 입는 작업복, 그리고 옷깃이 넓은 산림 코트 같은 것들을 입고 다녔다. 다른 신낭만주의자들처럼 그도 제1차 세계대전 이후 자신의 고향 마을에서 날로 위세를 더해 가고 있던 산업화와 상업주의의 물결에 대해 거부감을 갖고 있었다. 그는 운동을 즐겼는데, 겨울이면 누구나 고글을 쓴 채 양손에 스키를 메고 근처의 산을 향해 성큼성큼 걸음을 옮기는 하이데거의 모습을 볼 수 있었다. 이런 그를 두고 학생들은 "메스키르흐에서 온 작은 마법사"라고 불러댔다.

하이데거가 동시대의 가장 유명한 실존주의 철학자 중 한 명인 에드문트 후설[2]의 대체 강의로 각광을 받던 프라이부르크 대학을 떠나 마르부르크로 자리를 옮긴 것은 그 전해의 일이다. 비록 그가 실존주의적 "현상학"의 걸작인 『존재와 시간』의 출간을 통해 하룻밤 사이에 당대 가장 위대한 사상가의 반열에 올라서게 된 것은 1927년의 일이지만, 이미 그의 사상의 깊이와 열정에 놀란 독일 전역의 대학생들이 자기들만의 연락망을 통해 그의 강의를 받아 적은 노트를 돌려보고 있을 정도로 그의 이름은 수많은 사람들의 입에 오르내리고 있었다. 그가 평생 매달렸던 주제는 "무엇"과 "왜"였으며, 그의 철학적 구호는 플라톤과 아리스토텔레스부터 강의실 강단에 이르기까지 "모든 것을 다시 생각하라!"는 것이었다. 이를 위해 그는 학생들에게 비유와 형이상학적인 설명을 동원하여 강단이 일련의 나무 상자들로 분해된 뒤 눈앞에서 사라질 수 있음을 설파하기도 했다. 그는 사람들을 매료시키는 방법을 알았다.

"하이데거에 관한 소문만 들어도 알 수 있었다." 아렌트는 1969년에 이렇게 말했다. "사유가 다시 활기를 띠기 시작했다."

아렌트의 대학 동기인 한스 게오르크 가다머도 확신에 찬 목소리로 선언했다.

---

2 1859-1938. 현대 주요 철학 중 하나인 현상학의 체계를 세운 철학자이다.

"단지 그의 눈을 바라보는 것만으로 사람들은 그가 어떤 인물인지 알 수 있다. 그는 비전을 제시하는 사람이었다. 그는 사물의 본질을 꿰뚫어 보았으며, 우리도 그렇게 하도록 가르쳤다."

'고대 철학의 기본 개념'이나 '현상학 연구' 같은 그의 강의에서 하이데거가 사용한 기법은 "복잡한 사고 체계를 구축하는 것"이었다고 또 다른 동기생인 카를 뢰비트는 기억했다.

"그런 뒤에 그는 다시 그것을 해체시켜버림으로써 극도의 긴장감에 사로잡혀 있던 학생들을 당혹시키고 허탈하게 만들었다."

뢰비트가 "마법술"이라고 불렀던 이런 방법은 때때로 위험한 결과를 초래했다.

"한 여학생의 경우 삼 년간의 수수께끼 풀이 끝에 스스로 목숨을 끊었다."

아렌트나 다른 많은 젊은 학자들은 잘 적응했다. 그들에게 하이데거의 강의 기법은 문제를 분명히 이해하게 만들어주는 매우 생산적인 것이었다. 불가사의한 존재의 문제를 다루는 스승의 접근법(보편성이라는 것은 물웅덩이와 돌에서부터 곤충과 숫자에 이르기까지 실재하는 모든 것들뿐 아니라 실재하지 않는 것들의 배후에도 존재하는 것이라는 철학)을 통해 아렌트는 사유란 열정과 소명 의식을 필요로 하며, 때로는 존재의 근거를 찾기 위해 목숨을 걸 정도의 치열한 투쟁이 요구된다는 것을 깨달았다. 하이데거의 강의에는 학생들이 구름처럼 몰려들었다. 그는 아침 7시라는 이른 시간부터 강의를 시작했지만, 그를 숭배하고 따르는 많은 여학생들을 포함해서 150명의 학생들이 늘 그의 강의실을 순식간에 채웠다.

아렌트 역시 첫 학년이 다 가기도 전에 사람들의 관심을 사로잡았다. 이제 열여덟 살이 된 그녀는 나이답지 않게 성숙하고 치열한 정신세계의 소유자였고, 자신감이 강하면서도 부끄러움이 많은 특이한 개성을 갖고 있었다. 하이데거의 원래 연구 분야이기도 했던 신약성서 신학을 세부 전공으로 삼아 철학을 공부하기로 마음을 정한 그녀는 미리 그리스어 및 라틴어 상급 과정과 구아르디니의 수업을 들으며 준비를 했다. 대학 생활 초기에 한나를 쫓아다녔던 남자들 중 한 명으로 1927년쯤 그녀와 잠깐 동안 사귀기도 했던 베노 게오르그 레오폴트 폰 비제 운트 카아저발도우라는 희한한 이름의 당시 독어독문학과 학생은 당시의 한나를 이렇게 묘사했다.

"그녀에게서 가장 두드러진 점은 눈에서 뿜어져 나오는 도발적인 눈빛이었다. 그녀의 눈빛을 받고 두려움을 느낀 사람들은 다시는 그녀 앞에 서길 꺼려했다."

지금도 많은 동기생들이 검은 머리를 뒤로 올려 묶고, 눈에 띄는 녹색 드레스를 입고 다니던 그녀의 모습을 기억하고 있다. 훗날 하이데거를 전문적으로 연구했던 헤르만 뫼르헨은 당시 식당 테이블에 둘러앉아 담소를 나누던 사람들이 아렌트가 일단 이야기를 시작하면 일제히 입을 닫았다고 회상했다. 모두 그녀가 무슨 말을 하는지 듣고 싶어했던 것이다. 그녀는 하이데거의 수업에서 만난 놀라울 정도로 많은 학생들과 젊은 학자들에게 깊은 인상을 안겨주었다. 그들 중 많은 이들이 나중에 미국으로 망명한 유대인들이다. 아렌트의 평생 친구로 1955년부터 1976년까지 뉴욕시에 있는 뉴스쿨에서 철학을 가르쳤던 한스 요나스, 시카고 대학에서 정치 이론을 가르치는 교수이자 1950년대와 1960년대에 신보수주의자들의 추앙을 받는 사상가였던 레오 스트라우스, 『자유로부터의 도피』의 저자이자 영웅으로 불리는 것을 꺼려했던 미국 신좌익주의의 영웅 허버트 마르쿠제, 철학자 카를 뢰비트, 『진리와 방법』의 저자인 한스 게오르그 가다머, 그리고 훗날 아렌트의 첫 번째 남편이 되는 사람으로 언론인이자 반핵 운동가이며 뒤에 귄터 안더스로 불린 귄터 슈테른이 그 대표적인 사람들이다. 한나의 시카고 대학 강의실과 같은 층에 자신의 강의실이 있었지만 『예루살렘의 아이히만』이 출간된 뒤에는 그녀와 대화하는 것을 계속 거부했던 스트라우스를 포함해서 이 남성들 중 많은 이들이 그녀에게 연정을 품었고, 또 몇몇은 그녀의 헌신적인 친구가 되었다. 그녀의 일생에서 종종 목격되는 것처럼 그녀 주변에는 자신과 매력을 견줄 만한 동성 친구들이 거의 없었다. 또한 그녀는 하이데거 주변에 존재하는 그의 열렬한 추종자들에 대해서는 그들이 남성이든 여성이든 불문하고 같이 어울리는 것을 피했다.

마르부르크는 수천 명의 사람이 사는 지방 도시로 대학이 삶의 중심이 되는 곳이었다. 거주민의 대부분도 학생과 교수들로, 사람들이 즐길 만한 일은 드문 반면 가십은 넘쳐흐르는 작은 도시였다. 하이데거는 유부남이었다. 그의 부인인 엘프리데는 독실한 루터교도로, 두 사람은 그녀가 경제학을 공부하던 프라이부르크 대학에서 처음으로 만났다. 아렌트가 뒤에 질투와 어리석음, 그리고 분노 때문에 "반쯤 미친" 여자라고 폄하하긴 했지만, 엘프리데는 조심스러운 성격에 강철 같은 의지를 가진 여성이었다. 자신의 남편이 젊은 한나와 비밀스러운 사랑을 나누던 1920년대 중반에 그녀는 히틀러의 『나의 투쟁』을 읽으며 독설과 호전적인 영감이 넘쳐나는 책의 매력에 흠뻑 빠져 있었다. 부부에게는 두 명의 아들이 있었다.

하이데거 자신도 반유대주의자였다. 비록 나중에 아렌트가 끝까지 옹호했던 것처럼 그는 그 이념에 대해 열성적이지도 과격하지도 않았고, 또 당시의 시간적·공간적 상황을 감안하면 아마도 정상참작의 여지도 존재할 수 있겠지만 끝내 그것은 부인할 수 없는 사실이었다. 그리고 그녀는 그에 대해 모르는 부분이 많았다. 그는 "유대인들이 전 세계에 끼친 특별한 해악"("집 없음"과 "뿌리 없음"이라는 개념의 창조, 그리고 "공허한 합리성" 및 "계산의 과학"에 대한 신봉)에 대해 놀라울 정도로 충격적인 생각들을 몰래 자신의 개인 노트에 적고 있었다. 또한 그가 소크라테스 이전의 사유 체계에 기초한 새로운 철학 운동의 전개를 위해 관료들을 설득하고, 또 그들을 동참시킬 목적으로 1920년대 후반부터 정부에 보내기 시작한 편지에도 이런 생각들이 나타나 있다. 표지 색깔 때문에 "검은 노트"라고 불리는 그의 개인 노트는 최근에야 출간되었다. 하지만 그것은 독일 내에서만 이루어진 제한적인 일로, 아직 그의 공식 편지들은 대부분 출간되지 않은 채 보관되어 있다. 하지만 하이데거의 반유대주의적 행적을 보여주는 증거들도 상당수 있으며, 이에 대해서는 아렌트도 잘 알고 있었다. 하이데거가 1933년에 나치당에 가입해서 1945년까지 당적을 유지했으며, 1930년대 초기에 대학 총장과 대중 연사로서 나치당에 충실하게 봉사했던 것이 그 대표적인 사례이다.

그가 아렌트에게 자신의 마음을 밝힌 것은 1925년의 일이었다. 편지를 통해서였다.

"친애하는 아렌트 양!" 편지에는 다음과 같은 내용이 적혀 있었다. "오늘 저녁 당신을 만나서 내 마음을 전해야겠소. 우리 둘 사이에 일어나고 있는 일은 단순하고 분명하며 순수한 것임이 틀림없소 … 비록 당신을 내 사람이라고 부를 수는 없겠지만 이제부터 당신은 내 삶의 일부가 될 것이오."

이 시기에 아렌트가 쓴 다른 편지들처럼 그녀의 회신 편지는 지금 남아 있지 않다. 그녀는 오래 고민하지 않았다. 며칠 뒤 하이데거가 다시 편지를 보내 그녀에게 이렇게 외쳤던 것이다.

"친애하는 한나! 왜 다른 모든 인간의 경험과는 달리 사랑은 이리도 삶을 다채롭게 만들고, 이토록 힘들고도 달콤한 짐을 안기는 것이오?" 잠시 뒤 그는 이렇게 덧붙였다. "나는 요즘 무언가에 홀린 사람 같소. 여성스럽게 사랑스런 두 손을 모아 조용히 기도하는 당신의 모습, 그리고 그 순간 햇살처럼 빛나던 당신의 이마! 내게 이런 일이 생기기는 처음이오."

이런 일이 처음이라는 그의 말은 아마도 사실이었을 것이다. 나치 치하에 있던 시절, 그는 둘의 관계를 절대 용서하지 않으려는 아내 엘프리데에게 아렌트가 "자신에게 삶의 열정을 주는 존재"였다고 고백하곤 했다. 그는 여러 가지 미스터리를 갖고 있는 사람이었지만, 그중에서도 첫 번째로 손꼽히고 또 가장 오랫동안 사람들의 마음을 사로잡은 미스터리는 단연 아렌트였다. 복잡하고 지나치게 공을 많이 들이는 것으로 악명 높았던 하이데거의 추론 과정에 대해 그녀가 다른 누구보다 잘 알고 있었다는 사실이 그 부분적인 이유가 될 수 있을 것이다. 더구나 하이데거가 명성을 구가했던 독일의 강단 철학계는 좁고도 질투가 넘치는 곳이었다. 그런 세계에서 유부남인 교수가 대학 신입생인 여학생과 성적인 추문을 일으킨 사실이 알려진다면 말 그대로 재앙이 될 터였다. 설령 그녀가 유대인이 아니라고 할지라도 그 사실은 변함이 없었다. 그는 아렌트 때문에 큰 위험을 감수하고 있었다. 그녀는 그것을 잘 알고 있었다. 그뿐만 아니라 그녀 자신도 그에 못지않은 위험을 무릅쓰고 있었다.

두 사람의 불륜은 삼 년간 지속되었다. 언제 만날지를 정하는 것은 하이데거였다. 둘은 마르부르크에 있는 그녀의 다락방 침대나 거실 혹은 그의 사무실에서 만났다.

"부디 금요일 저녁에 오시오. 마치 마지막인 것처럼."

그는 이렇게 편지를 쓰곤 했다. 하이데거는 그녀가 따라야 할 신호들도 만들었다.

"만일 내 방의 램프가 켜져 있다면 내가 아직까지 회의에서 빠져나오지 못했다는 신호요."

그런 경우 그녀는 "수요일 저녁에 다시 오도록" 약속되어 있었다. 그는 어떤 것들이 자신을 기쁘게 하는지도 알려주었다.(그는 아렌트에게 쓴 편지에서 그녀가 나지막한 목소리로 "당신이 저하고 있고 싶다면"이나 "당신이 원하면"이라고 말하면, 그녀가 기차역에서 수줍은 목소리로 조용히 "네" 하고 대답할 때처럼 자신이 며칠이나 감동을 받은 상태로 지내게 된다고 썼다.) 그는 그녀의 정숙함을 칭송했고, 그녀의 "순수한 이마"를 아꼈다. 하이데거도 그녀를 즐겁게 만들기 위해 노력했다. 그는 함께 있고 싶다는 마음과 그녀의 사랑에 대해 감사하는 마음을 수시로 표현했으며 그녀의 공부도 격려했다. 뿐만 아니었다. 그녀가 쓰거나 추천한 시를 읽었고, 직접 시를 써서 그녀에게 주기도 했다. 그중에는 그리스어로 쓴 시도 있었다. 무엇보다 비밀 유지가 중요했다.

"이 편지는 없애버리시오!"

그는 한 편지에서 이렇게 지시하기도 했다.

하이데거는 전반적으로 아렌트의 신중함이 믿을 만하다는 사실을 알고 있었다. 그녀는 서로 이유는 달랐지만 아버지의 질병처럼 두 사람의 관계에 대해서도 굳게 입을 다물었다. 안느 멘델스존과 한스 요나스, 하인리히 블뤼허, 그리고 종전 뒤에 알게 된 카를 야스퍼스 정도만이 예외였다. 아렌트와 하이데거가 몇 달 간격으로 나란히 세상을 떠난 지 십 년이 다 될 때까지 이들을 제외한 다른 어느 누구도 두 사람이 육체적인 관계까지 맺고 있었다는 것을 알지 못했다. 처음 그 사실이 세상에 알려졌을 때 사람들은 두 사람의 관계를 추문이라 부르며 놀라움을 감추지 못했고, 이를 둘러싼 논쟁은 오늘날까지도 이어지고 있다. 하이데거의 친나치 행각과 아이히만 재판에 대한 아렌트의 견해 때문에 때로는 지나치게 감정적으로 전개되기도 하는 이 격렬하고도 오래된 논쟁에는 2013년 마가레타 폰 트로타 감독이 만든 영화 〈한나 아렌트〉와 2014년 독일에서 출간된 하이데거의 『검은 노트』도 크게 기여했다.

1925년 4월, 봄방학을 맞아 쾨니히스베르크의 집으로 돌아온 아렌트는 「그늘」을 썼다. 이 짧은 자전적 에세이에는 어린 시절의 그녀에게, 그리고 그녀와 하이데거와의 관계에서 관건이 되는 문제가 무엇인지 분명하게 드러나고 있다. 에세이는 난해하고 "시적인" 문장을 통해 막 성인의 문턱을 넘기 직전 잠시 멈춰 서서 뒤를 돌아보며 아쉬워하는 18세 소녀의 자기 고백을 담아내고 있다. 소녀는 "버림받은 느낌"이 들 때마다 항상 자신이 꿈을 꾸는 듯 이어지는 내면 세계로의 몰입과 익숙해져버린 오래된 "둔통"을 포기하고, 알 수 없는 주문이 자신을 어딘가로 빨아들일 것만 같은 두려움을 안겨주는 "창백하고 무채색 일색"인 어른들의 세계로 들어가는 것을 걱정하고 있었다. 그녀는 스스로 "무기력과 배신으로 점철된 시절"이라는 수수께끼 같은 표현으로 묘사한 자신의 청소년기에 대해 느끼는 혼란스러운 감정을 토로한다. 자신은 "어지러움과 혼란", "현실에 대한 두려움"으로부터 벗어나길 희망하며, 명료함과 단순함과 인내, 그리고 하이데거학파 사람들이 즐겨 쓰는 개념인 "유기적인 성장"을 갈망한다고 말한 뒤, 그녀는 놀랍게도 다음 순간 자신이 정말 원하는 것은 정반대라고 고백한다. "마침내 오랫동안 고대하던 종국의 순간이 찾아와 부지불식간에 자신의 쓸모없는 활동을 거두어갈" 때까지 어떤 권리나 토대가 없더라도 그저 게으른 실험과 호기심에 만족하며 살아가기를 원한다는 것이다. 갑작스런 죽음을 제외하고 모든 면에서 실제 아렌트의 삶과는 다른, 이 불길한 예감을 끝으로 에세이는 막을 내린다.

「그늘」의 분위기는 미스터리하다. 고통스럽지만 내적으로 풍요로운 성장기에 대한 회상이라는 형식을 제외하면, 일반적인 성장 에세이와는 확연하게 다르다. 아렌트는 확실히 학교 친구들과는 다르게 자기 자신을 바라보았다. 아렌트의 동급생들은 그녀를 영특하고, 사랑스럽고, 생기가 넘치고, 침착하고, 앞날이 크게 기대되는 사람이라고 생각했지만, 정작 그녀는 자신을 그렇게 생각하지 않았던 것이다. 비록 그것이 어디에서 비롯된 것인지 알 수 있는 구체적인 회상은 단 한 줄도 없지만, 에세이에는 그녀의 염세주의와 절망(혹자는 그녀가 성인이 되어 때때로 종잡기 어려운 행동을 한 이유가 이 때문이라고 생각할지도 모르겠다.)에 대한 기록으로 가득하다. 아렌트가 하이데거나 그녀의 다른 연인을 염두에 두고 에세이를 쓴 것이 아니라는 점도 분명하다. 에세이 어디에서도 사랑에 빠진 여인의 고양된 감정이나 구애의 몸짓을 찾아볼 수 없기 때문이다. 나아가 그녀는 자신의 어린 시절을 드러내지 않으려는 것과 하이데거학파와 신낭만주의자라면 누구나 애호하는 표현인 "진정성"에 대해 자의식이 넘치는 말투로 얘기하는 것을 제외하고는, 자신에 대해 좋은 인상을 남기려는 어떤 노력도 기울이지 않았고, 누군가에게 인정받기를 바라지도 않았다. 오히려 아렌트는 하이데거에게 경고하는 듯한 글을 남겼다. 자신은 이 세상에 어떤 토대도 갖고 있지 못하기 때문에 독일과 독일 관습에 뿌리를 내리고 있는 하이데거와는 처지가 다르다고 쓴 것이다. 어떤 종류든 "토대"를 갖고 있어야 "권리"가 따라온다는 아렌트의 생각(아직까지는 단순한 개념에 불과했다.)은 그녀가 1940년대에 쓴 여러 에세이와 『전체주의의 기원』에서 깊숙이 다루어 커다란 반향을 이끌어낸 주제이긴 하지만, 여기서는 "광활한 우주에 (자신을) 개방하는 동시에 검은 대지에 뿌리내리기"를 원하는 철학자 하이데거의 신화를 소개하며 간단하게 언급하는 정도였다. 그녀는 이미 어디에도 뿌리내리지 못하고, 홀로 서 있는 아웃사이더였다. 그녀는 자신이 유대인임을 언급하지 않았다. 하지만 그녀는 기꺼이 "토대" 없이, 그리고 자기 자신을 속이지 않고 살기로 결심했다. 그것이 자기 확신이 강하고 자부심이 넘치는 부랑자, 한나 아렌트에 어울리는 삶이었다.

그녀가 자신의 연인에게 「그늘」을 건넨 것은 1925년 4월 하순이었다. 하이데거의 반응은 즉각적이었다. 그는 표면적으로는 아렌트를 안심시키기 위해 노력하는 것처럼 보였다.

"태양이 있을 때만 '그늘'이 존재하는 법이오."

하이데거는 아렌트에게 보내는 편지에서 이렇게 썼다. 마치 플라톤이 했던 '동굴의 비유'를 연상시키는 듯한 말이었다. 하이데거는 플라톤이 "선"을 상징한다고 본 태양이야말로 "당신 영혼의 토대"라고 덧붙였다. 하지만 편지에는 경멸과 질책으로까지 보이는 경고성 발언도 담겨 있었다.

"만약 내가 그런 그늘이 외부의 영향으로 인한 끝없는 자기 비하가 초래한 왜곡과 환상이며 진정한 당신의 모습이 아니라는 확신이 없었다면, 나는 당신을 사랑하지 않았을 것이오. 그럼에도 불구하고," 그는 계속해서 경고했다. "실제 당신 모습과는 다른 그런 존재론적 왜곡으로부터 벗어나는 길은 멀고 험할 것이오."

하이데거의 반유대주의적 경향에 대해 그동안 알려진 바를 감안해 볼 때, 이런 그의 발언을 아렌트가 유대인이라는 사실을 눈감아주겠다는 약속임과 동시에 그녀가 유대인의 핏줄이 드리운 "그늘"에서 빠져나오지 못할 경우에 대한 위협으로 해석하지 않기는 어렵다.

여름 학기가 되어 다시 대학으로 돌아온 아렌트는 하이데거가 개설한 '데카르트의 명상에 관한 세미나'와 이제는 전설적인 강의의 반열에 올라선 그의 '시간개념의 역사'를 수강하기 위해 등록했다. 연인과의 저녁 밀회도 재개되었다. 하이데거는 그의 삶에 "햇빛"과 "유익한 기쁨"을 가져다주는 "행복하고", "훌륭하고", "자신감 있고", "재기 발랄하고", "자유롭고", "자족하는" 여인이 되어 달라고 그녀를 구슬리기 시작했다. 아렌트가 그의 설득을 선의로 받아들였는지 아니면 조건부적 사랑에 대한 경고를 상기시키고자 하는 교묘하지 못한 시도로 받아들였는지는 알 수 없지만, 그녀는 하이데거의 말을 따르고자 최선을 다했으며, 그 결과 그로부터 밝은 빛을 향해 전진하고 있다는 칭찬을 자주 듣기에 이르렀다.

한편 독일의 하늘 위에는 먹구름이 잔뜩 몰려들고 있었다. 1924년에 선동 혐의로 투옥되었던 히틀러는 1925년에 석방되자 전국을 돌며 열성 나치당원들을 모집했다. 증오로 가득찬 그의 반마르크스주의적이며 반유대주의적인 연설은 구름 같은 인파를 끌어 모았다. 3년 전 그는 나치 돌격대(아이히만이 속해 있었던 나치 친위대의 전신)와 나치 청년 운동을 창설한 바 있었다. 두 단체 모두 활발하게 회원을 모집했다. 나중에 한스 요나스는 국가사회주의당 유니폼을 입은 마르부르크 남학생 클럽 소속의 한 대학생이 학생 식당에서 아렌트 옆에 한사코 앉으려 했다고 기억했는데, 당시 아렌트가 깜짝 놀라서 어쩔 줄 몰라 하는 바람에 불가피하게 요나스가 개입해서 상황을 정리해야만 했다. 신약성서 신학자인 루돌프 불트만이 개설한 '사도 바울의 인류학에 관한 세미나'에도 등록한 아렌트는 불트만에게 강의실 내에서는 어떤 반유대주의적인 얘기도 언급되지 않게 해달라고 요청했다. 마르타가 그랬던 것처럼 불트만도 만약 그런 일이 있다면 그녀와 의논해서 처리하겠다고 그녀를 안심시켰다. 그해 7월, 총 두 권으로 이루어진 히틀러의 『나의 투쟁』 중 첫 번째 책이 출판되어 날개 돋친 듯 팔리기 시작했다. 바야흐로 반유대주의 시대의 막이 올라가고 있었다.

시간이 흐르면서 하이데거의 열정은 식어 갔다. 1925년 5월 하순, 갑자기 일이 몰려드는 바람에 아렌트를 만날 시간을 낼 수가 없었던 그는 6월에는 아내인 엘프리데가 독일 남서부 삼림지대에 있는 마을인 토트나우베르크에 자신의 별장으로 지어준 산중 오두막으로 장기 휴가를 떠났다. 출발 전 그는 아렌트에게 그들이 "순간의 즐거움을 좇지 말고 미래를 위해 인내할 줄 아는 강인한 사랑"을 해야만 한다고 상기시켰다. 그가 토트나우베르크에서 보낸 편지에는 산림지대를 거니는 도보 여행과 알프스의 경관, 그리고 잘 진행되고 있는 『존재와 시간』 초안 마무리 작업에 대한 얘기들이 가득 적혀 있었다. 그는 종종 돌아가기를 꺼려하는 자신의 심정을 피력하기도 했다.

"나는 다음 학기가 두렵다." 그는 이렇게 편지에 썼다. "나를 생산적인 일로부터 강제로 떼어놓기 때문이다."

1925년 10월 말, 두 사람 모두 대학 교정으로 돌아왔을 때 그의 편지들은 확연할 정도로 구슬픈 어조가 되어 있었다. 그리고 하이데거는 감기와 독감에 시달리던 자신의 아내와 아이들을 언급하기 시작했다.

아렌트는 그가 가르치는 모든 강의를 들었다. 그중에는 아렌트가 칸트와 헤겔을 배웠던 '고급 현상학 연습'이라는 세미나도 있었다. 하지만 지금 몇 편 남아 있지 않은 그녀의 시 속에서 나타나듯이, 아렌트는 점점 거리가 멀어지고 있는 것이 분명한 둘의 관계가 고민이었다. 어느 시에서 그녀는 이렇게 외쳤다.

왜 당신의 손길은 그렇게 은밀하고 수줍기만 한 것인가요?
아득히 먼 곳에라도 있는 듯한 그대여,
우리가 함께 마시던 포도주를 잊었나요?

하이데거는 언제나 일이 우선인 사람이었다. 하지만 이제 그는 정말로 아렌트를 자신에게 특별한 사람의 범주에서 제외하고, 그녀가 어떤 "토대"도 "권리"도 갖고 있지 못한 평범한 일상 속으로 그녀를 다시 돌려보내려고 하는 듯이 보였다.

언제까지나 함께 하는 나의 고운 님이 되어주세요.

그녀는 같은 시에서 하이데거에게 애원했다. 인습에 얽매이지 않는 용기에 있어서는 이미 하이데거를 훨씬 뛰어넘은 아렌트였지만, 그것이 점점 희미해져 가는 그의 관심 때문에 그녀가 느끼는 날카로운 아픔을 덜어줄 수는 없었다.

그해 가을, 하이데거는 그의 멘토이자 친구인 에드문트 후설에게 『존재와 시간』의 출간을 승인받은 뒤, 1926년 4월까지는 책이 나올 수 있도록 출판사에 원고를 보낼 준비를 하고 있었다. 이 출간 일정을 맞추느냐에 따라 그의 정교수 임명 여부가 달려 있었다. 1926년 1월 초, 그는 아렌트와의 저녁 약속을 잊어버렸다. 바로 전날, 다른 누구도 아닌 그 자신이 요청해서 이루어진 약속이었다.

"당신을 까맣게 잊어버렸소." 그는 아렌트에게 편지를 썼다. "무관심 때문도, 어떤 외부적인 요인이 우리를 방해해서도 아니오. 그저 내가 당신을 잊어야만 했기 때문이오. 아마 앞으로도 지금 하고 있는 작업의 마무리를 위해 필요하다면 당신을 또 망각하게 될 것이오."

그는 둘의 "우정"을 언급하면서 이렇게 덧붙였다.

"당신을 다시 내 품에 안을 날이 올 것이오."

언젠가는 그럴 날이 올 수도 있겠지만 그때는 아니었다. 거듭되는 이별에 지칠 대로 지친 아렌트는 마르부르크를 떠날 결심을 했다.(그녀는 25년 뒤 하이데거에게 "내가 마르부르크를 떠난 것은 전적으로 당신 때문이었다."라고 편지를 썼다.) 사실 그 이전에 둘이 주고받은 편지에서도 그들이 이런 가능성에 대해 논의했음을 암시하는 대목들이 나온다. 1995년에 둘의 구체적인 애정 행각을 처음으로 알아차린 엘즈비에타 에팅거가 자신의 책인 『한나 아렌트와 마르틴 하이데거』에서 시사한 것처럼, 하이데거는 심지어 그녀에게 자신을 떠나라고 압박을 가하기도 했다. 두 사람 모두 만남이 거듭될수록 발각의 위험이 급격하게 늘어난다는 사실을 잘 알고 있었다. 엘프리데는 우연히 함께 자리를 같이할 때면 아렌트만 꼭 집어서 무례하게 굴었고, 임박한 책의 출간으로 인해 하이데거는 점점 더 많은 소문의 대상이 되어 갔다. 아렌트는 그해에 자신의 박사 학위논문을 위한 연구를 시작하게 되어 있었다. 하지만 이제는 하이데거의 후원을 받으며 명예롭게 연구를 진행할 수는 없는 상황이었다. 마침내 아렌트는 아직 자신이 그에게 깊이 빠져 있기는 하지만, 이별의 조건까지 그가 정하게 만들지는 않겠다고 결심했다. 그녀는 그에게 편지를 썼다. 지금은 분실된 이 편지에서 아렌트는 과거에 그녀와 친구들이 지나치게 자아가 강한 "철학자들"에 대해 나누었던 신랄한 농담을 그에게 들려주었다.

"오직 바보나 관료만이 그런 것들(농담들)을 신경 쓸 것이다."

하이데거는 코웃음을 쳤다. 하지만 아렌트를 그냥 내버려둘 경우 그녀가 무엇을 할지 알고 있던 하이데거는 자신에게 위협이 되지 않는 상태로 그녀를 계속 자신에게 붙잡아두기를 원했다.

1926년 4월 그녀의 세 번째 학기가 끝날 무렵에는 그녀가 뒤에 "은둔의 사색왕"으로 불렸고, 제2차 세계대전 뒤에는 '거짓말쟁이' 혹은 '여우'로도 언급했던 남자와 나눈 최초이자 가장 강렬했던 사랑도 종국을 향해 치닫고 있었다. 아렌트가 1927년과 1928년에 귀족 출신으로 뒤에 나치당에 가입한 베노 폰 비제 및 에르빈 뢰벤손이라는 이름의 마흔 살 먹은 표현주의 작가를 포함해서 다른 남자들을 만나자, 하이데거는 그동안 자신의 주장에 따라 만나기 편리한 철도변에 있는 작은 마을에서 이루어져온 둘만의 은밀한 만남을 계속하자고 그녀를 설득했다. 1927년에 출간된 『존재와 시간』은 그에게 국제적인 명성을 안겨주었다. 그리고 다음 해인 1928년 4월, 프라이부르크 대학의 철학과 학장에서 물러나는 후설은 후임자로 자신의 젊은 친구를 추천했다. 누가 봐도 하이데거에게는 영예로운 승진이었다. 이제 유명 인사가 된 하이데거의 입장에서 너무 위험하고, 너무 불편하며, 아마도 너무 유대적인 존재인 아렌트는 어떻게든 처리되어야만 했다. 그는 서둘러서 그달 안으로 아직 재개된 지 얼마 되지 않은 두 사람의 간헐적인 만남에 종지부를 찍기로 결심했다.

아렌트는 하이데거의 동료이자 자신에게 친근했던 카를 야스퍼스의 지도 아래 박사 학위논문인 「사랑의 개념과 성 아우구스티누스」를 끝내기 위해 하이델베르크에 머물고 있었다. 하이데거는 그녀에게 자신의 소식을 알렸다. 4월말 아렌트와 하이데거는 "재상봉했다."(아렌트의 표현이었다.) 하지만 다음 날 그는 두 번째 만남을 일방적으로 취소했다. 그럼에도 불구하고 아렌트는 그에게 작별의 메시지를 담은 편지를 써서 보냈다.

"그러니까 이제 당신은 나를 만나지 않겠다는 거군요 … 당신을 이해할 수 있을 것 같아요." 그녀는 감내하겠다는 의사를 내비쳤다. "하지만 저는 … 갑작스럽게 밀어닥치는 공포 때문에 거의 걷잡을 수 없는 심정이에요."

최소한 부분적으로는 그녀에게 아버지와도 같았던 남자로부터 버림을 받는다는 사실이 아마도 그녀의 오래된 두려움을 다시 일깨웠을 것이다.

"우리가 처음 만난 그날처럼 여전히 당신을 사랑하고 있어요." 그녀는 계속 자신의 심정을 털어놓았다. "당신을 사랑할 수 없다면 삶의 의미를 잃어버리게 되겠지만, 그 사랑 때문에 감당해야 하는 책임을 회피한다면 그것은 사랑을 잃고, 그 사랑이 처한 현실을 외면하는 짓이 될 거예요."

그녀가 "현실"과 "책임감"을 언급한 것은 중요하다. 왜냐하면 아렌트는 이미 자신이 가야 할 길이 "거칠며", 그녀 앞에 "한 번의 도약으로 끝나는 것이 아니라 쉼 없는 질주가 필요한" 여정이 기다리고 있다는 것을 알고 있었기 때문이다. 도약(사유 과정에서 시간과 역사의 한계를 일거에 뛰어넘는 것을 의미하는 하이데거의 표현으로, 그는 자신이 직접 이를 행하는 것에 대해 큰 자부심을 갖고 있었다.)은 그녀를 위한 것이 아니었다. 하이데거와는 다르게 그녀는 자신이 난마처럼 뒤엉킨 각종 의무들과 열망들, 그리고 긴급한 정치적인 사안들을 어렵사리 헤쳐 나가야 한다는 것을 직감하고 있었다. 그녀는 라이너 마리아 릴케가 독일어로 번역한 엘리자베스 배럿 브라우닝의 「포르투갈인이 보낸 소네트」를 인용하면서 하이데거에게 마지막으로 작별을 고했다.

"그리고, 신이 저를 데려간다 해도 전 오히려 죽음 뒤에 당신을 더 사랑할 거예요."

이 구절은 몇몇 작가들이 얘기한 것처럼 자살을 암시하는 것이 아니라, 실제로 그랬던 것처럼(제2차 세계대전을 일종의 문화적 죽음이라고 생각해보라.) 그들이 다른 시간과 공간에서 다시 만나게 될 것이라는 일종의 약속과도 같은 것이었다.

아렌트는 1933년에 독일을 떠날 때까지 한 번 더 하이데거를 만났다. 1929년 2월, 그녀는 자신과 함께 하이데거 밑에서 공부했던 귄터 슈테른과 함께 새로운 집으로 이사했다. 하이데거 부부는 둘 다 귄터를 경멸했다. 엘프리데에게는 그가 유대인이었기 때문이고, 하이데거에게는 한때 이 젊은이가 자신의 철학적 아이디어를 앵무새처럼 흉내 내며 마치 자기의 창작물인 양 행동하고 다녔기 때문이다. 하이데거는 1925년에 아렌트에게 보낸 편지에서 "슈테른군은 …" 그의 에너지를 낭비시키는 "최악의 학생들 중 한 명"이라고 말하기까지 했다. 그로부터 3년이 지난 이제 아렌트는 하이데거에게 편지를 보내 슈테른에 관한 소식을 전했다.

"나는 집도, 내게 소속감을 느끼게 해주는 사람(슈테른)도 구했는데, 아마 당신은 그에 대해서 지금까지 아무것도 몰랐던 것 같아요."

1929년 9월, 그녀는 양가 어른들의 축하 속에 슈테른과 결혼식을 올렸다. 그리고 며칠 뒤 하이데거가 신혼부부를 찾아왔다. 아마도 1927년에 그랬던 것처럼 그녀와의 사랑에 다시 불을 지필 수 있는지 가늠해보기 위한 목적이었을 것이다. 하이데거가 떠날 시간이 되자, 아렌트는 우연의 일치로 그와 같은 기차를 타게 된 슈테른과 함께 기차역으로 갔다. 서로의 대화에 빠진 하이데거는 그녀에게 작별 인사를 건네지 않았다. 아렌트도 아무것도 모르는 얼굴을 하고 있는 남편의 존재를 신경 쓰는 것 같지 않았다. 하지만 그날 밤 늦게 그녀는 하이데거에게 그가 자신을 얼마나 쉽게 망각하는지에 대해 "끔찍할 정도로 명확하게" 알게 되었다고 편지를 썼다. 아렌트는 차창을 통해 그녀를 바라보던 하이데거가 한 번 눈길을 돌렸다가 다시 바라보았을 때 그녀를 알아보지 못했다고 썼다. 그녀는 어릴 적에 코가 더 자랐다는 이유로 자식을 알아보지 못하는 척하는 엄마의 얘기를 다룬 동화를 실감나게 연기한 마르타 때문에 슬펐던 기억이 떠올랐다.

"그때 나는 계속 울면서 소리쳤어요. 아니에요, 나는 당신의 딸이에요. 당신의 한나예요, 하고 말이죠. 오늘도 그렇게 외치고 싶었죠."

매독으로 병상에 누운 그녀의 아버지가 자신을 알아보지 못했던 슬픈 기억도, 향후 20년 동안 만나보지 못할 연인을 마지막으로 잠깐 보는 순간에 그녀로 하여금 칼로 찌르는 듯한 날카로운 통증을 느끼게끔 만드는 데 일조했다.

귄터 슈테른은 외동아들로, 그의 부모인 빌리암과 클라라 슈테

른은 독일 사회에 완전히 동화된 유명한 아동 심리학자였다. 1930년
에 그는 고급 박사 학위 과정이라고도 불리는 "교수 자격 취득을 위
한 교육과정"에 도전했지만, 교수들의 지지를 얻는 데 실패했다. 아
렌트와 슈테른의 결혼 생활은 오래가지 못했다. 두 사람의 성격 차
이 때문이었다. 그들이 함께 파리에서 생활하던 1930년대 중반 무
렵, 그녀는 얼마 지나지 않아 자신의 두 번째 남편이 될 하인리히 블
뤼허에게 보내는 편지에서 자신이 슈테른과 함께 소중하게 가꾸기
를 열망했던 그들의 "집"이 지옥이 되어버렸다고 밝혔다. 그녀는 학
문과 관련해서는 귄터나 블뤼허보다도 훨씬 더 성공적이었다. 1929
년에 성 아우구스티누스에 관한 박사 학위논문을 발표한 아렌트는
독일 학술 구제 협회의 도움으로 유급 보조 직원을 고용하여 18세기
의 재능 있는 유대인이었던 라헬 바른하겐[3]에 관한 자서전적인 성
격의 논문을 집필했다. 이로써 그녀는 자신이 대학교수 자격 취득을
위한 교육과정에서 주제로 선택한 연구를 성공적으로 마쳤지만, 얼
마 뒤 국회를 통과한 히틀러의 유대인 고용 금지법으로 인해 대학교
수의 길을 가고자 한 그녀와 다른 많은 사람들의 꿈은 물거품이 되어
버렸다.

  1929년에 성숙기 독일 낭만주의에 대한 연구로 시작해 1938년
파리에서 완성되고, 1957년에 『라헬 바른하겐 : 유대인 여성의 삶』이
라는 제목의 책으로 출판된 바른하겐 작업은 아렌트의 인생에 전환

----

3 1771-1833. 독일계 유대인 작가로 평생 동안 1만여 통의 편지를 쓰고 남겼다.

점이 되었다. 1930년 무렵의 아렌트는 자신이 1964년의 인터뷰에서 권터 가우스에게 얘기한 것처럼 "나치는 우리의 적"이며 "수많은 독일인들이 그들을 지지"하고 있음을 깨닫고 있었다.

"적어도 히틀러가 집권하기 4년 전인 1929년부터 ⋯ " 그녀는 계속해서 이렇게 말했다. "지능이 모자란 사람을 제외한 모든 사람이 이런 사실을 분명하게 알고 있었다."

바른하겐은 유대인 계몽운동의 영향으로 독일 상류사회에 동화하고자 노력했던 많은 프러시아 유대인들 중 한 명이었다. 아렌트는 이전에 이미 많은 얘기를 들었지만 최근에 들어서야 그 중요성을 인식하게 된 "유대인 문제"에 대한 생각을 정립하기 위한 시도로 베른하겐의 삶과 편지를 연구했다. 그녀는 바른하겐을 "불행히도 이미 죽은 지 백 년이 되었지만 나 자신이 가장 가까운 여자 친구로 생각하는 사람"이라고 불렀다. 그녀는 가우스에게 "나는 해답을 찾고 싶다는 생각으로 그녀를 연구했다."라고 말했다.

1771년에 부유한 상인 집안에서 태어난 라헬은 유대인이라는 자신의 "불명예스러운 태생"을 몹시 증오했다. 그녀에게는 아마 고손자 정도의 나이가 될 파울과 마르타처럼 라헬도 자신이 살던 시대의 사회·문화적 동화 운동을 적극 수용했다. 그녀는 "예외적인 유대인"(부, 학문, 예술적 재능, 혹은 인맥에 의해 대다수 유대인들과 구별되는 특별한 유대인)이 되기 위해 18세기 후반의 최신 유행을 활용했다. 라헬은 당대의 가장 유명한 문학 살롱 중 하나를 직접 만들고 운영했다. 프랑스와 독일의 시인과 정치가들, 그리고 예술가와 젊고 세련된 귀족들이 그곳을 드나들었고, 그들 중 몇몇은 그녀의 연인이 되었다. 그녀는 그중 한 사람으로, 아버지와 할아버지가 모두 프러시아 육군 원수를 지낸 카를 빌헬름 핑크 폰 핀켄슈타인 백작과의 결혼을 꿈꾸었다. 하지만 낙담스럽게도 그는 그녀와 평생을 함께하기를 거부했다.("항상 내 자신을 정당화해야만 하다니 이 얼마나 비참한 일인가!" 아렌트는 한 친구에게 보내는 편지에서 라헬의 말을 인용했다. "그것이 내가 유대인이라는 사실에 염증을 내는 이유이다.") 라헬은 40세 되던 해에 가독교로 개종하고 카를 아우구스트 바른하겐 폰 엔제라는 이름의 프러시아 외교관과 결혼했다. 카를은 남은 일생 동안 그녀를 헌신적으로 대했지만, 그것이 그녀의 문제를 해결해주지는 못했다. 아렌트의 말에 의하면 그것은 "유대인으로서 할 수 있는 최대치"가 무엇인지 보여주는 것에 불과했다. 완전한 동화의 대가(라헬이 친구들에게 보낸 수천 통의 편지에 적은 자신의 경험들을 통해 아렌트가 발견한 것처럼)는 스스로를 부정하는 것이었다.

"문명사회의 즐거운 게임으로 자리 잡은 '유대인에 대한 증오'를 내면화해야 했기 때문이다."

20세기에 이르도록 한결같이 자신들을 적대시하는 환경에서 살아가고 있는 유대인에게 『라헬 바른하겐』의 종반부에서 아렌트는 이렇게 적고 있다.

"동화될 수 있는 유일한 방법은 반유대주의에 동화되는 것뿐이며, 그리하여 위선자로, 악당으로 살아가는 것뿐이다."

바른하겐이 하지 않았고, 아렌트도 할 수 없는 선택이었다.

바른하겐을 대리하여 사는 삶을 통해 아렌트는 비로소 정신적으로 수줍음이 많고 미성숙했던 시기(마치 꿈을 꾸거나 무언가에 홀린 사람처럼 버림받은 느낌이나 모호한 아픔에 사로잡혀 지내던)를 벗어나 사회·정치적으로 격정적인 삶을 시작하게 된다. 그녀가 유대인들의 삶을 "벼락부자"(사회적으로 열등한 부류로 강요당한 나머지 귀족이나 거물, 혹은 유명인이 됨으로써 이를 보상받으려 하는 사람들)와 "의식 있는 부랑아"(자신들의 정체성이 갖는 장점을 확신하며 깨어 있는 국외자로 살고자 하는 사람들)로 나누어 설명해서 유명해진 것도 바른하겐의 편지와 일기들을 읽은 뒤였다. 사실 이런 구분법은 모든 시대와 문화를 통틀어 적용 가능한 것이기도 하다. 아렌트의 바른하겐 연구는 1833년에 이 유대인 여인이 병상에서 마지막으로 남긴 말을 인용하면서 시작된다.

"역사란 얼마나 경이로운가!" 그녀는 이렇게 선언했다. "이집트와 팔레스타인에서 탈출한 도망자, 그게 바로 나다 … 유대인으로 태어난 것 때문에 한평생 부끄러웠고, 내 삶이 비참하고 불행하다고 생각했지만, 이제는 그렇게 생각했던 순간들을 내 인생에서 지웠으면 하는 바람뿐이다."

그녀는 자신의 편지에서 "나는 결국 반항아일 뿐이다!"라고 외치기도 했다. 자신의 정적들과 동일한 사회적 지위에 오르기를 열망하는 "벼락부자"와 가면을 쓰거나 출세에 영합하는 것을 거부하는 독립적인 정신의 소유자인 "부랑자"를 구분할 수 있게 되면서, 아렌트는 향후 스스로의 삶을 어떻게 펼쳐나갈지에 대한 생각을 정립하는 한편, 그녀의 성격을 규정하는 중요한 토대를 형성할 수 있었다.

바른하겐은 스스로를 속이는 것을 거부함으로써 반항아가 되었다. 1931년과 1932년에 아렌트는 프라이부르크 대학의 철학과 학장이 된 하이데거가 자신의 세미나를 유대인들이 듣지 못하도록 할 뿐만 아니라 그들을 공개적으로 모욕하고 있다는 소식을 들었다. 그녀는 하이데거에게 편지를 써서 자신이 그로 인해 충격을 받고 분노하고 있다는 사실을 알렸다. 하이데거는 즉시 그녀에게 회신했다. 그는 자신이 도움을 주었지만 그럴 가치가 전혀 없었음이 드러났거나, 자신에게 고맙다는 말 한마디 없는 유대인 학생들을 잔뜩 열거하며 그런 얘기들은 터무니없는 중상모략이라고 강변했다.

"그것(내 도움)들을 '극단적인 반유대주의'라고 매도하고 싶다면 얼마든지 그래도 상관없소." 그는 투덜거리더니 이렇게 덧붙였다. "사람들이 그래봤자 우리들 관계는 흔들림이 없을 것이오."

히틀러가 집권한 지 석 달이 지난 1933년 4월, 하이데거는 프라이부르크 대학의 총장으로 선출(좀 더 정확히 얘기하자면, 우파 교수 집단의 쿠데타에 의해 총장으로 승진)되었다. 그로부터 한 주 뒤 그는 나치당에 가입했다. 1934년 4월, 나치 집단 내에서 자신의 영향력이나 중요도가 높지 않은 것에 불만을 품은 하이데거는 다시 학생들을 가르치는 일로 돌아왔지만 당원 자격은 계속 유지했다. 전쟁이 끝날 때까지 그는 아렌트가 들은 것과 크게 다르지 않게 행동했다. 그는 자신의 강의에 등록한 유대인 학생들을 다른 교수들에게로 쫓아 보냈으며, 영구 망명을 택하거나 강제수용소로 이송되어 하나둘 사라지기 시작한 그의 유대인 동료들을 외면했다. 하이데거는 당시는 물론 1976년에 눈을 감는 순간까지 이와 관련된 어떤 말도 하지 않았다. 하이데거는 언제나 자신을 후원했던 에드문트 후설을 폄하하기도 했다. 유대인으로 태어났지만 루터교로 개종한 후설은 히틀러가 집권한 뒤 얼마 되지 않아 명예교수직에서 쫓겨났으며, 1938년에 아렌트가 상심 때문에 걸린 병이라고 부르며 애통해한 흉막염으로 세상을 떠났다.(그녀는 1946년에 카를 야스퍼스에게 보낸 편지에서 이 일화를 언급하며 "나는 하이데거를 잠재적인 살인자로 여기지 않을 수 없습니다."라고 쓰기도 했다.) 대학 총장으로서 하이데거는 독일의 "본질, 역사, 언어, 국민, 관습"과 독일이라는 "국가" 안에 살아 숨 쉬고 있는 독일의 "순수성"을 알리기 위한 대중 연설에 발 벗고 나섰다. 또한 그는 1930년대 전반에 걸쳐 자신의 "존재(Being)" 개념을 새롭게 가다듬는 데 헌신했다. 이 시기의 하이데거는 자신의 사유 체계에서 핵심적인 개념인 "존재"란 한 국가의 토양에 뿌리내리고 있다는 것을 의미한다고 설명했다. 그에 따르면 조상이나 언어에 의해 국가에 소속되어 있는 사람과 그렇지 못한 사람은 존재 여부가 달라질 수밖에 없었다. 아렌트가 자신의 저서들을 통해 살아 있다는 것은 "어딘가에 있다는 것"을 의미한다고 얘기한 것은 훨씬 뒤의 일이지만, 이미 이때부터 그녀는 "피와 토양" 위에 만들어진 "민족과 민족 국가"의 위험성을 잘 이해하고 있었다.

하이데거가 아렌트에게 미친 영향은 절대적이었다. 그의 가르침 때문에 철학적이고 시적인 언어에 대한 아렌트의 사랑은 더욱 깊어졌고, 그의 영향으로 어원학을 깊이 탐구함으로써 기존의 어휘들로는 적절하게 표현하기 어려운 자신의 생각에 어울리는 새로운 단어들을 만들 수 있었다. 『라헬 바른하겐』에서 언급했듯이 아렌트도 하이데거처럼 "궁극적이고 절대적인 정확성을 가진 언어의 사용만이 참된 진리를 보장"한다고 믿었다. 그녀는 아이히만 재판에서도 자기모순에 잘 빠지고 어눌하게 말하는 피고석의 '어릿광대' 때문에 재판에 집중하기가 어려웠다. 재판 뒤 그녀는 "가벼운 얘깃거리들과 계산에만 몰두하느라 심오하고 진정한 사유를 잃어버린 현대사회"를 비판하며 "사고의 부재"에 관한 글을 썼던 하이데거를 연상시키는, 그리고 아마도 사람들이 자신의 책을 오해하게 만드는 데 가장 크게 기여했을지도 모를 말을 남겼다.

"그(아이히만)의 말을 들으면 들을수록, 그가 상투적인 것말고는 다른 '말을 잘 못하는 것'이 '생각을 할 줄 모르는 것'과 밀접하게 연관되어 있다는 사실이 더욱 분명해졌다."

아직 둘의 관계가 시작되고 얼마 되지 않을 무렵, 「그늘」을 읽은 하이데거는 그녀에게 편지를 썼다.

"아우구스티누스가 얘기한 것처럼 Amo는 volo, ut sis를 의미하오."

그는 이 문구를 "나는 당신을 사랑하오 … 나는 당신이 존재하는 그대로 앞으로도 존재하기를 원하오."라고 번역했다. 하인리히 블뤼허에게 보낸 편지들과 『전체주의의 기원』과 사유에 관한 책으로 그녀 사후에 출판된 『정신의 삶』에 이르기까지, 아렌트는 평생에 걸쳐

이 말을 계속 사용했다. 그녀가 박사 학위논문 주제로 아우구스투스의 사랑의 개념을 선택하고, 이웃에 대한 사랑과 변화를 가져오는 사람들의 힘에 대한 깊은 믿음을 토대로 자신의 정치사상을 전개하게 된 것도, 모두 이 문구의 영향 때문일지 모른다. 그녀의 재능과 특출함을 인정하고, 그녀의 "사랑스러운 외모"와 "내면세계"를 모두 열렬히 좋아했으며, 자신의 환심을 사려고 애쓰는 다른 많은 여인들은 놔두고 오직 그녀의 관심을 자신에게 돌리는 데만 몰두한 하이데거 덕분에 「그늘」에서 밑바닥을 찍었던 그녀의 자존감은 크게 올라갔다. 작가인 엘즈비에타 에팅거는 한 발 더 나아가서 아렌트가 "자신의 위치에 대한 확신을 가질 수 없었던, 동화된 유대인들의 불안감을 공유"하고 있었으며, 그녀를 연인으로 선택함으로써 "하이데거는 아렌트에게 멀리 라엘 바른하겐에서부터 시작된 독일 유대인들의 오랜 꿈을 실현시켜주었다."라고 주장했다. 최소한 하이데거가 아렌트의 장점(그녀는 예외적인 존재였다.)들을 강화시키고, 그녀가 자신의 과거를 받아들여 그것을 글로 표현하고 변호할 수 있도록 만드는 데 상당한 기여를 한 인물임은 분명하다.

바른하겐과 독일의 야만적인 역사와 함께 하이데거도 그녀를 동화의 꿈에서 깨어나도록 일깨웠다. 1933년이 지나면서 누구도 부정할 수 없을 정도로 명백해진 하이데거의 친나치 행각은 아렌트에게 충격 그 자체였으며, 그녀에게 지울 수 없는 상처를 남겼다.

"개인적인 문제는 적이 아니라 친구들 때문에 생기는 것이다."

그녀는 1964년 귄터 가우스에게 이렇게 말했다. 짧고 단순하지만 그녀의 슬픔이 얼마나 컸는지 느낄 수 있는 문장이 아닐 수 없다. 에팅거를 비롯해 그녀를 비판하는 사람들은 종종 하이데거와의 사랑을 『예루살렘의 아이히만』에서도 많이 찾아볼 수 있는 유대인들의 "자기혐오"를 보여주는 증거라고 주장했다. 아렌트는 자신의 명성이 최고조에 달했던 시점에 여러 가지로 하이데거를 용서하는 듯한 모습을 보임으로써 결과적으로 이런 주장에 힘을 실어주었다.

1933년의 그녀는 훨씬 덜 온건했다. 히틀러를 대변하는 하이데거의 연설과 행정적인 조치들에 대해 처음으로 알게 된 때였다. 하이데거 그리고 그와 유사한 부류의 사람들에 대해 역겨움을 느낀 아렌트는 연구에만 몰두하는 삶을 포기하기로 결심했다.

"나는 지적 세계의 거주자였다." 그녀는 뒤에 이렇게 회상했다. "그곳에 사는 지식인들에게 어용화(나치에 대한 자발적인 협조)는 일종의 규칙과도 같은 것이었다. 다른 사람들은 그렇지 않았다 … 나는 그런 생각이 팽배한 독일을 떠났다. 다시는 그렇게 살지 않을 것이다 … 나는 그(지적) 세계와는 아무런 상관없이 살아가고 싶었다."

실제로 그 뒤 수년 동안 그녀는 파리와 뉴욕에서 학자보다는 화가와 작가들, 그리고 정치적인 활동가들과 어울리며 지냈다. 그녀는 시온주의자 조직을 비롯한 유대인 단체와 유대인 관련 프로젝트들을 도와주는 실천적인 일들을 하는 데 자신의 시간을 바쳤다.

"유대인이라는 이유로 공격을 당하면 반드시 유대인으로서의 자신을 방어해야만 한다."

당시 그녀는 이렇게 말했다. 스스로 추방을 선택한 부랑자로서

의 한나 아렌트와 이제 막 정치 이론가로서 활동을 시작한 그녀를 모
두 대변할 수 있는 슬로건과도 같은 말이었다.

우리 망명자들

1930년대 베를린과 파리

유대인들이 자랑하는 것들(즉 '유대인의 심장'이라고 부르는 인간
애와 유머, 객관적인 지성)은 모두 부랑자의 특성이다. 반면에 유대
인의 단점들(요령 부족, 정치적 아둔함, 열등감, 돈에 대한 집착)은 모두
졸부가 가진 속성이다.

— 한나 아렌트, 「우리 망명자들」(1943)[1]

지식인이 되지 않기로 한 아렌트의 결심은 그녀를 범법자로 만
들었다.

1932년 2월, 독일 제국 의회 빌딩이 화염에 휩싸였다. 히틀러가
독일 총통에 오른 지 두 달이 지난 시점이었다. 공산주의자들을 방
화범으로 지목한 히틀러는 시민의 자유를 억압하고 공산주의자를
비롯한 정적들을 대규모로 체포하는 데 방화 사건을 이용했다. 귄터
슈테른은 베르톨트 브레히트의 주소록에 자신의 이름이 올라 있을
정도로 여러 급진 공산주의자들과 친분이 두터웠다. 그는 즉시 친구
들과 함께 파리로 몸을 피했다. 그러나 아렌트는 그대로 베를린에

---

1 한나 아렌트가 유대인 존재에 관해 쓴 글들을 모은 선집 The Jewish Writings(2007)에 실려 있다.

남았다. 그녀는 자신의 힘이 다하는 순간까지 나치에 저항할 생각이었다.

"단순히 방관자로 살 수는 없었다."

뒤에 그녀는 이렇게 말했다. 당시 아렌트의 한 친구에 따르면 그녀는 자신의 안전에 큰 위협이 도사리고 있음을 잘 알고 있었지만 "무모하게도 저항을 위한 준비는 되어 있지 않았다."

그녀는 수주 뒤 체포되었다. 어머니와 점심을 먹기로 약속한 베를린의 한 카페로 향하던 길에서였다. 히틀러가 집권하기 전 수개월간의 두렵고 혼란스러웠던 기간 동안 아렌트와 이제 지천명의 나이가 된 쿠르트 블루멘펠트의 우정은 다시 돈독해졌다. 할아버지 막스의 친구이기도 한 블루멘펠트는 독일 시온주의자 연맹의 지도자였다. 슈테른이 파리로 도피한 뒤 그녀는 유대인 활동가나 공산주의자처럼 독일에서 급히 피신해야 하는 사람들을 위한 경유지로 자신의 베를린 아파트를 제공했다. 빈번하게 아렌트의 아파트를 들고 나는 도피자들을 사람들이 이상하게 생각하지 않도록 마르타, 쾨니히스베르크와 프라이부르크에 있는 아렌트의 일부 친구들, 그리고 그밖에 엄선된 사람들이 매일 그녀의 아파트를 방문했다. 이제 그녀의 사교계는 블루멘펠트를 포함한 시온주의 활동가들과 철학자 마르틴 부버, 출판업자 살만 쇼켄 같은 인물들로 채워졌다.

봄이 되자 나치는 유대인 상점과 사업들에 대한 보이콧 운동을 전개하는 한편, 유대인들의 자유를 제한하는 첫 번째 법률들을 통과시켰다. 블루멘펠트는 아렌트에게 비밀리에 프러시아 국립박물관을 방문해줄 것을 부탁했다. 그녀가 바른하겐에 대한 연구를 했던 바로 그곳이었다. 그는 동업자 조합이나 사교 클럽 같은 평범한 독일인들 사이에서 반유대인 정서가 얼마나 강한지를 알려주는 신문과 잡지 기사를 복사해줄 것을 요청했다. 블루멘펠트는 다음 해 여름, 프라하에서 열릴 예정인 제18차 시온주의자 회의의 연설에 이 자료들을 활용할 생각이었다. 아직까지 낙관적인 생각에 젖어 있는 독일 내 유대인 지도자들에게 경각심과 조속한 행동이 필요하다는 것을 일깨워주기 위해서였다. 그는 독일로의 동화에 대한 환상을 포기하고 유대인 모두가 단결해서 새로운 곳으로 옮겨갈 때가 되었다고 주장했다. 그가 선호하는 새로운 정착지는 팔레스타인이었다. 아렌트는 그의 주장에 대부분 동의했다. 그녀는 최근 수개월 동안의 경험을 통해 자신이 곧 독일을 떠나야만 한다는 것을 직감하고 있었다.

"유대인들은 더 이상 머물 수 없었다." 1964년에 그녀는 이렇게 회상했다. "나는 이등 시민으로 독일에서 살 생각은 없었다."

그녀는 나중에 이런 말도 했다.

"준비된 사람들은 오직 한 부류(시온주의자들)뿐이었다"

그녀는 기꺼이 블루멘펠트의 요청을 받아들였다. 최근 나치가 자신의 반유대 정책에 대한 반감을 조장하는 소위 "공포 선전물"을 수집하거나 배포하는 행위를 불법행위로 규정했지만, 그녀는 상관하지 않았다. 그녀는 자신이 맡은 과제를 성공적으로 수행할 경우 "의미 있는 변화를 가져올 수 있다."라는 느낌이 들었다고 뒤에 말했다. 하지만 그녀는 감시를 받고 있었던 것이 분명했다. 몇 주 동안 바쁘게 도서관을 오가던 그녀는 어느 날 히틀러의 새로운 정치 조직들 (그들이 "좋은 친구들"이라고 부르던) 중 한 곳에 근무하는 나치 친위대원에 의해 길에서 체포되었다. 그는 아렌트를 베를린 시내에 있는 경찰서로 데려갔다. 그곳에 억류된 아렌트는 자신의 결백을 주장했다. 친위대원들은 그녀의 집을 수색해서 노트들을 압류했고, 심문을 위해 그녀의 어머니를 소환했다. 마르타는 어떤 혐의도 인정하지 않았다. 아렌트의 노트들은 암호문으로 작성되어 있었다. 그녀가 고대 그리스 문자들을 사용해서 작성한 노트들은 나치의 돌격대원에게는 히브리어나 일본어만큼 해독하기 어려운 것이었다. 하지만 그녀의 구금은 8일 동안이나 이어졌다. 만약 그녀를 체포한 젊은 친위대원이 이제 막 일을 시작한 사람이 아니었다면 그녀는 어쩌면 새로운 "게슈타포 감옥"이나 강제수용소 중 한 곳으로 사라졌을 수도 있었다. 하지만 그녀를 체포한 친위대원이 신참에다가 스물여섯 살의 한 나에게 마음을 뺏길 수도 있는 젊은 사람이었다는 것이 그녀에게 행운이었다. 그는 아렌트를 풀어주는 대신 사법적 절차는 계속 진행하기로 결정했다.

아렌트의 생각은 달랐다. 그녀와 마르타는 짐을 꾸려 독일을 떠났다. 아렌트는 여권과 출국 비자를 비롯해서 여행에 필요한 합법적인 서류를 일절 갖고 있지 않았다. 그들은 망명자들 사이에서 입소문으로 전해지고 있던 탈출 경로를 택했다. 독일과 체코 경계를 가로지르는, 숲이 울창한 에르츠산맥을 도보로 넘은 모녀는 제네바를 거쳐 마침내 최종 목적지인 파리에 도착하여 귄터 슈테른과 조우했다. 1933년 가을의 일이었다. 합법적인 서류로 여행 허가를 받은 마르타는 그녀의 남편인 마르틴 비어발트가 기다리고 있는 쾨니히스베르크로 다시 돌아갔다.

슈테른은 우울해하고 있었다. 다른 독일인 망명자들처럼 생계를 꾸릴 꾸준한 일을 찾지 못했기 때문이었다. 그는 파시스트 독재자를 풍자하는 음울하고 반이상향적인 소설 『몰루시아 공화국의 지하묘지』(방대한 분량의 이 소설은 책으로 출판되지는 못했지만, 프랑스의 영화 제작자인 니콜라스 레이에 의해 2012년도에 영화로 만들어졌다.)를 쓰고 있었다. 이제 막 파리에 도착한 아렌트는 슈테른과는 대조적으로 목적의식이 충만했다. 이미 제네바에서 "전적으로 유대인과 관련되는 일"만 하며 "유대인의 대의"를 좇아 살겠다는 결심을 한 그녀였다. 파리에 있는 국제연맹에는 팔레스타인 쟁취를 위한 유대인 대표부가 있었다. 아렌트는 그곳에 근무하는 마르타의 친구 밑에서 비서로 일했다. 새로 파리에 정착하는 유대인에게 입국 비자를 내주거나 연설문 작성을 돕는 일이 그녀의 주된 임무였다.

사무 능력을 갈고닦은 아렌트는 얼마 지나지 않아 시온주의자들의 재정 지원을 받는 해외 파견 프로그램인 '농업과 수공업'의 총무로 채용된다. 팔레스타인에 건설한 실험적인 마을과 공동체에 젊은 유대인 망명자들을 보내 농업과 수공업에 종사하게 돕는 훈련 프로그램이었다. 그녀는 자신의 수업료 마련을 위해 유대 역사와 히브리어는 물론 시온주의를 가르치는 야간 강의 프로그램을 운영하는 일도 맡았다. 그녀는 프랑스어는 물론 히브리어를 배우는 데도 열심이었다.

"나는 내 동포들에 대해 알고 싶어요."

그녀는 폴란드에서 망명한 차난 클렌보르트라는 이름의 히브리어 선생님에게 이렇게 말했다. 아렌트는 심지어 약간의 이디시어[2]도 배웠다. 그렇게까지 열성인 독일 유대인은 "아무리 살펴봐도 내가 유일했다."라고 그녀는 주장했다. 얼마 지나지 않아 책임자로 승진한 그녀는 1935년 프로그램이 문을 닫을 때까지 가족의 생계를 책임질 수 있게 되었다.

자신은 주류 시온주의자는 아니라고 항상 분명하게 선을 긋던 아렌트였지만, 그녀가 일찍이 자신과는 상관없다고 생각했던 "유대인 문제"는 어느새 "개인적인 운명"이 되었다.

"유대인이라는 것이 나의 고유한 문제가 되었고, 나와 불가분의 관계에 있는 그 문제는 정치적인 것이었다."

1930년대 중반의 파리는 아렌트와 같은 독일 유대인과 중부 유럽에서 온 망명자들로 북적거렸다. 그들은 파리의 라탱 지구에 있는 허름한 호텔과 하숙방에서 살았다. 그녀와 슈테른의 결혼 생활은 온기가 빠르게 식어 갔고 때로는 불협화음에 휩싸이기도 했지만, 부부는 여전히 함께 시간을 보내며 지냈다. 그들은 여건이 허락될 때마다 센강의 왼쪽 기슭에 늘어선 카페에 앉아 파리에서 살고 있던 안느

---

2 독일어에 히브리어와 슬라브어 따위가 섞여서 만들어진 언어로, 유럽 내륙 지방과 그곳에서 미국으로 이주한 유대인들이 주로 쓴다.

멘델스존이나 슈테른의 친구인 아르놀트 츠바이크와 대화를 나누었다. 또한 슈테른의 친구로 당시 『서푼짜리 오페라』와 『마하고니 시의 흥망성쇠』로 이미 유명세를 타고 있던 베르톨트 브레히트도 그들의 단골 대화 상대였다. 골수 스탈린주의자인 데다가 영국의 역사학자인 폴 존슨으로부터 "차가운 심장"을 가졌다고 비판받은 브레히트였지만, 아렌트는 이때부터 그를 성격의 결함에도 불구하고 자신의 생애에서 가장 위대하며 플라톤과 괴테에 비견될 수 있는 독일 시인이라고 옹호하기 시작했다. 아렌트는 문학 비평가인 발터 벤야민과의 열정적인 지적 교류도 재개했다. 슈테른의 먼 친척뻘이 되는 그는 비록 건강이 좋지 않고 때때로 절망에 빠져 지내기도 했지만 아렌트에게 파리 거리를 산책하는 즐거움을 알려준 인물이었다. 아렌트는 당시 이십 대의 나이로 소설 『구토』를 쓰고 있던 장 폴 사르트르도 만났지만 그에게서 별다른 인상은 받지 못했다. 10년 뒤 『존재와 무』를 써서 저명인사가 된 사르트르는 하이데거의 뒤를 이어 철학에 관심이 많은 전 세계 젊은이들의 새로운 우상으로 떠올랐다.

잘 알려진 사실은 아니지만 아렌트는 저메인 드 로스차일드 남작 부인과도 친분을 쌓았다. 그녀는 엄청난 부호로 로스차일드 은행의 프랑스 법인을 맡고 있던 에두아르 알폰스 제임스 드 로스차일드의 부인이었다. 1935년 아렌트가 일하던 '농업과 수공업' 프로그램이 문을 닫자, 남작 부인은 아렌트를 고용했다. 유대교 회당과 학교, 신학대학과 종교재판소, 유대인 사업체 및 사회복지 단체들처럼 그 가문이 지원하고 있거나 지원을 요청받고 있던 각종 유대인 조직의

장·단점에 대해 아렌트로부터 자문을 받기 위해서였다. 그녀의 밑에서 일을 하는 동안 아렌트는 로스차일드 가문이 자신들의 특권과 물질적인 풍요로움을 과시하며 사는 모습을 흥미롭게 지켜보았다. 그들은 부지불식간에 정치에 대한 혐오감을 드러내기도 했다. 물론 재정적인 이해관계와 관련이 있을 때는 예외이긴 했지만, 이런 정치적 외면은 오랫동안 그들과 그들의 동료 "유명 인사들", 그리고 다른 졸부들을 안전하게 지켜주었다. 그들이 최근 프랑스로 물 밀듯이 밀려들어오고 있는 "동유대인들"에 대한 지원을 망설이고 있는 것도 그 때문이었다. 그들은 동유대인들의 가난과 종교, 특히 프랑스어를 비롯한 유럽 국가들의 언어에 대한 높은 문맹률이 안 그래도 히틀러의 주장에 공감하는 사람이 늘고 있는 프랑스의 반유대 정서를 격화시키지 않을까 우려하고 있었다.

아렌트는 어릴 때 쾨니히스베르크에서도 비슷한 주장을 들어본적이 있었다. 하지만 이번에는 인내심을 갖고 듣고 있기가 어려웠다. 그런 주장이 초래할 결과는 자멸밖에 없다고 느꼈기 때문이다. 그녀는 히틀러의 무뢰배들이 기회만 되면 로스차일드가를 손볼 것이라는 점을 알고 있었다.

"나는 당시 몇 번이고 되풀이해서 글로 밝혔던 내 주장, 즉 유대인이라는 이유 때문에 공격을 당한다면 반드시 유대인으로서의 자신을 방어해야 한다는 주장의 당위성을 한층 절감할 수 있었다. 독일인이거나 세계시민, 혹은 인간의 권리를 주장하는 사람으로서가 아니라 반드시 유대인으로서 그렇게 해야 한다."

그녀는 선견지명이 있었다. 1940년, 프랑스를 침범한 독일에게 일시적으로 재산을 몰수당한 로스차일드 부부와 그들의 어린 딸은 아렌트를 비롯한 많은 유대인들이 거쳐간 위험한 길을 똑같이 밟으며 독일을 벗어나야 했다.

1935년 아렌트는 유대인 어린아이를 위한 긴급 정착 지원 단체의 파리 지부 책임자가 되었다. '유스 알리야(Youth Aliyah)'라는 이름의 단체였다. 그해 말, 그녀는 프랑스로 도피한 일단의 유대인 어린아이들을 그들의 새로운 집으로 안내하기 위해 마르세유에서 배로 출발했다. 팔레스타인에 도착한 그녀는 엄청나게 다양한 인종들이 뒤섞여 살아가고 있는 시라쿠스와 하이파, 예루살렘과 페트라 같은 도시들을 처음으로 보게 되었다. 유대와 아랍, 기독교 기념물들 사이에서 발견한 고대 그리스와 로마의 유적들에 매료된 그녀는 그곳의 초기 정착자들이 절망에 빠져 있는 어린 이민자들에게 도전 정신과 기회, 상대적인 안전감을 선사한다는 사실에 감동했다. 그녀는 팔레스타인의 수공업 마을과 집단농장인 키부츠처럼 유대 평등주의의 기치 아래 전개되고 있던 과감한 실험에 감탄했다. 그녀는 자신의 사촌이자 최근까지 그리스어 동호회에서 활동한 에른스트 휘에르스트와 1934년에 독일에서 예루살렘으로 온 그의 부인 케테 레빈과 함께 그중 몇 곳을 직접 방문하기도 했다. 뒤에 휘에르스트 부부와 그들의 딸 에드너 브록은 아렌트가 이스라엘을 비난하고 데이비드 벤-구리온에 대해 적개심을 보인 이유가 블뤼허 때문이라고 비난했다.

"그의 여자들이 모두 유대인이었음에도 불구하고 … " 에드너 브록은 이렇게 말했다. "그는 유대인을 미워했다."

하지만 1935년에조차 아렌트는 "사람들이 키부츠에서 살 수 없을 것"이라고 생각했다. "그것이 궁극적으로 지향하는 것은 '이웃에 의한 통치'이기 때문"이라고 그녀는 뒤에 메리 매카시에게 쓴 편지에서 그 이유를 밝혔다.

1936년 어느 봄날 저녁, 아렌트는 파리에서 개최된 한 대중 강연에서 하인리히 블뤼허를 처음으로 만났다. 그들이 다시 만난 6월, 그녀는 파리를 떠나 뉴욕으로 가버린 귄터 슈테른과 별거하고 있었다. 비록 공식적으로는 아닐지라도 슈테른과 보낸 7년간의 결혼 생활은 더 이상 돌이킬 수 없을 정도로 파탄이 난 상황이었다. 블뤼허를 만나고서 아렌트는 안도감을 느꼈다.

"나는 이미 3년 전에 결혼 생활에 종지부를 찍고 싶었어요."

그녀는 1936년 8월, '유스 알리야'의 동료들과 함께 제1차 국제 유대인 평의회에 참석하기 위해 머무르고 있던 제네바에서 블뤼허에게 보낸 편지에 이렇게 썼다.

"나는 결혼 생활의 모든 의무를 거부하는 소극적인 저항만이 유일한 길이라고 느꼈어요 … 그동안 결혼 생활을 유지한다는 허상에 집착한 그에 맞서서 나도 소극적인 저항을 고수해왔어요."

많은 면에서 슈테른과는 정반대였던 블뤼허는 거칠면서도 카리스마 넘치는 성격을 가진 매력적인 남자로 "부패와는 담을 쌓은 천재"였다. 첫눈에 그에게 반한 아렌트는 눈을 감는 순간까지 블뤼허를 사랑했다. 파울과 마르타의 딸로 하이데거의 전도양양한 수제자였던 아렌트에게 그는 어떤 면에서 보더라도 낭만적인 사랑의 대상은 아니었다. 최근 그녀가 헌신하고 있는 시온주의 활동가의 관점에서도 그랬다. 160cm를 조금 넘는 키에 잘 발달된 가슴을 가진 블뤼허는 잘생긴 것하고는 거리가 먼 수다스러운 남자였다. 독일 출신으로 세탁부로 일하던 어머니와 공장 노동자인 아버지 사이에서 독자로 태어난 블뤼허는 아버지의 얼굴을 보지 못한 채 자랐다. 블뤼허가 태어나기 전에 그의 아버지가 산업재해로 세상을 떠났기 때문이었다. 성인이 되어 공산주의 활동가가 된 블뤼허는 아렌트를 만났을 무렵 독일 관리들은 물론 프랑스와 러시아의 단원들로부터도 쫓기는 몸이었다. 그는 친구 집 소파에서 잠을 자면서 하루하루 날품을 팔아 생계를 해결하고 있었다. 고등학교 중퇴가 최종 학력이었지만 그는 어려운 책들을 탐욕스럽게 읽어댔고, 그 결과 독일 철학 사조들과 예술사는 물론이고 정치사와 전쟁사까지 독학으로 익힐 수 있었다. 독실한 기독교인도 아니었지만 유대인도 아니었던 블뤼허는 시온주의 운동이 추구하는 정치적인 목적에 특별히 공감하지 않았다. 다만 1930년대에 활동하던 많은 유럽의 좌파들처럼 그도 히틀러에 반대하는 모든 세력이 힘을 합쳐야 한다는 생각을 갖고 있었다. 그는 아렌트보다 더 태생적인 반항아였다. 제1차 세계대전 중 십 대의 나이로 잠시 독일 육군으로 복무한(그가 평생 폐와 신장과 관련된 만성적인 질병에 시달린 이유가 이때 가스에 중독된 영향일지도 모른다.) 그는 제대 뒤 마르타의 영웅인 로자 룩셈부르크가 이끌고 있던 사회주의자 스파르타쿠스 동맹에 가입했다. 자신의 어머니처럼 로자 룩셈부르크를 크게 흠모했던 한나는 로자와 사실혼 관계에 있었던 레오 요기헤스에 대해서도 "그는 두 말할 필요가 없을 정도로 실천력이 뛰어나고 열정적인 사람이었다. 그는 어떻게 행동하고 고통을 감수해야 하는지 아는 인물이었다."라고 높이 평가했다. 블뤼허에게도 그대로 해당되는 얘기였다.

젊은 날의 블뤼허는 활동적이었다. 그는 기꺼이 고통을 감수하는 청년이었지만 그에 못지않게 인생을 즐길 줄도 알았다. 그는 1919년 스파르타쿠스 동맹의 봉기 당시, 베를린 거리에서 친나치 의용군과 직접 교전을 벌이기도 했다. 한나의 어머니 마르타는 노동계급 출신의 비유대인이었던 그를 항상 냉담하게 대했지만, 한나 자신은 이런 그에게 틀림없이 감명을 받았을 것이다. 같은 해 독일 공산당에 가입한 그는 이후 10년 동안 당의 조직원과 선동가로서 소비에트연방을 비밀리에 방문하는 일을 포함해 주변 사람들에게도 항상 거짓말로 둘러대야만 하는 위험한 활동들에 종사했다. 사람들의 증언이나 공식적인 문서에 따르면 블뤼허는 그 뒤에도 많은 다른 일들을 수행했다. 슈테른이나 그들이 다 같이 알고 지내던 베르톨트 브레히트처럼 블뤼허도 제국의회 방화 사건 직후 적법한 서류 없이 베를린을 빠져나왔다. 한나와 함께 살게 된 이후에도 그는 가명을 쓴 채 유한계급의 일원처럼 위장하고는 파리의 거리 곳곳을 돌아다녔다. 실제로 멋진 양복과 모자, 그리고 지팡이로 꾸민 그의 모습은 돈 많은 여행자나 발터 벤야민과 어울리는 한량처럼 보였다. 블뤼허의 친구로 종종 그에게 돈을 건네기도 했던 샤를로트 셈펠의 회상에 따르면 "그의 삶은 불법 그 자체였기 때문에 그도 자신이 사는 곳이 어딘지 알지 못했다." 벤야민의 월세방에서 정기적으로 만나는 마르크스주의 토론 모임의 회원이기도 했던 블뤼허는 자신과 그의 충실한 조수였던 로버트 길버트를 "두 명의 게으름뱅이"라고 불렀다. 그를 게으른 데다 무례하기까지 하다고 생각했던 마르타가 들었으면 씁쓸히 웃으며 고개를 주억거렸을, 그리고 무엇보다 이후 10여 년간 전개될 그의 삶을 가장 정확하게 묘사한 표현이었다.

한나 아렌트는 전혀 개의치 않았다. 블뤼허는 자신의 명석한 두뇌와 타고난 열정, 몇 편의 시와 정치적인 독백들, 그리고 성적인 매력을 이용하여 그녀를 사로잡았다. 그에게 깊이 빠진 한나는 하이데거에게 그랬던 것처럼 그를 수줍게 대했다.

"비록 당신이 언제 어디서나 신뢰의 증거를 보여달라고 때로는 달콤하게 때로는 부담스럽게 나를 몰아세우고 있긴 하지만, 나는 그것을 오직 당신에게만 은밀하게 보여줄 거예요."

그녀는 1936년 블뤼허에게 보낸 편지에서 이렇게 썼다. 그녀는 자신들이 10년만 더 일찍 만났으면 좋았을 것이라고 그에게 말했다.

"불행히도 지난 10년 동안에는 내 의지와는 달리 여자로 살 수 없었던 때가 많았기 때문이에요."

그녀가 슈테른과의 관계에서 여자로서 느낀 심정을 토로한 것이라고 짐작되는 그녀의 말을 접한 블뤼허는 남자답게 즉각 회신했다.

"당신의 지난 삶이 안됐다고 생각하오."

"지나간 10년 같은 이유들 때문에 나에 대해 안됐다고 생각하지 마세요. 나는 내가 가진 것들이 무엇인지, 여인인 내게 당신은 어떤 사람인지, 그리고 당신이 미래에 어떻게 될지 잘 알고 있어요. 그저 내가 스스로 판단하게끔 내버려두세요. 당신이 이런 일들에 대해서 얼마나 알 수 있겠어요."

그녀는 믿을 수 있는 몇몇 사람에게 그랬듯이 블뤼허에게도 거듭해서 자신을 배신했던 하이데거와의 고통스런 과거를 털어놓았을 것이다. 그들은 둘 다 배우자가 있는 사람들로, 블뤼허는 독일 여권이 필요해서 그와 결혼한 리투아니아 출신의 이민 여성과 가정을 이루고 있었다. 1936년 여름부터 한나 아렌트와 하인리히 블뤼허는 각기 자신의 배우자와 이혼을 하고 같이 살기 시작했고, 1940년 1월 16일에는 결혼식도 올렸다. 이로써 그녀의 뉴욕 친구인 알프레드 케이진이 "지금껏 같이 사는 남녀 사이에서 목격한 가장 열정적인 세미나"로 불렀고, 시인인 랜달 자렐은 시와 철학, 그리고 정치에 대한 대화가 끊기지 않은 두 명의 천재들이 다스리는 "이중 군주제"라고 불렀던 30년간의 동반자 관계가 시작되었다.

하이데거처럼 블뤼허도 바람둥이였다. 하지만 그는 그 사실을 감추거나 조작하지는 않았다. 아렌트도 그가 유대인이 아니고 마르타나 다른 사람들로부터 존중받지 못하고 있다는 사실만큼이나 그의 바람둥이 기질을 크게 개의치 않았다. 그녀의 관심은 다른 곳에 있었다.

"보세요, 당신은 마치 스스로 '모든 것이 나를 배척하고 있어.'라고 말하듯 행동해요." 그녀는 일찍이 그에게 보낸 편지에서 이렇게 말했다. "하지만 (편견과 곤궁들, 그리고 작은 두려움들은 별개로 하고) 공통의 세계를 잃어버릴지도 모른다는 점을 제외하고 나면 과연 이 세상에서 우리가 신경 써야 할 '모든 것'이란 무엇일까요?"

두 사람의 공통의 세계는 열정적이고 기쁨이 넘치는 대화에 대한 사랑, 유한계급의 관습에 대한 무시, 두 사람이 함께 교류하고 있는 친구들 "그룹", 바위와 같이 굳건한 충실함, 그리고 확실하게 인정받고 있다는 충만함으로 이루어져 있었으며, 그것이 오랫동안 그들이 의지할 수 있는 유일한 집이 되어주었다. 그녀는 그를 들창코를 가진 "나의 귀여운 수고양이"로 불렀고, 은밀하게 마르크스에 빗대어 "나의 사랑하는 기적의 랍비 선생"이라 부르기도 했다. 반면 블뤼허는 그녀를 "내 사랑"이라고 짧게 불렀다. 그들은 진리를 찾아 나선 동반자였다. 비록 "오래된 사기꾼 같은 세계 역사"가 그들의 여정에서 익숙한 지형지물들을 앗아가곤 했지만, 그들은 어깨를 나란히 하고 묵묵히 구도의 길을 함께 걸어갔다.

마르타가 블뤼허를 처음으로 만난 것은 1939년 봄이었다. 그녀는 파리에서 폴란드 출신의 유대인에 의해 독일 영사관이 암살당한 데 대한 보복으로 나치당이 밤새도록 유대인에 대한 약탈과 살인을 자행했던 공포의 밤, 즉 크리스탈나흐트가 발생한 지 수개월 뒤 파리에 도착했다. 크리스탈나흐트가 벌어지는 동안 한나의 조부인 막스가 예배를 드리던 쾨니히스베르크의 개혁 유대교 회당이 파괴되었고, 그녀의 삼촌인 에른스트 아론도 세상을 떠났다. 그녀의 학비를 도와주었던 에른스트가 죽은 이유는 분명하지 않았다. 혹자는 그가 나치당에 의해 살해되었다고 주장하기도 했다. 1938년 3월 독일의 오스트리아 침공에 뒤이어 그해 11월에 일어난 크리스탈나흐트의 잔혹함은 뒤에 한나가 얘기한 대로 그간 독일 유대인들 사이에서 팽배했던 "고상한 낙관주의"를 "극도의 비관주의"로 바꾸었고, 마르타로 하여금 프랑스에 살고 있는 자신의 딸과 합류할 결심을 하게 만들었다. 하지만 실행은 결코 쉽지 않았다. 독일 밖으로 향하는 대부분의 합법적인 길들이 유대인에게는 봉쇄되어 있었기 때문이었다. 블뤼허는 마르타의 여행을 도와주기 위해 자신의 친구로, 부자에다 기독교 신자이기도 한 샤를로트 셈펠을 쾨니히스베르크로 보냈다. 마르타는 비어발트에게 함께 파리로 떠나자고 설득했지만 실패했다. 결국 세상 돌아가는 일에 무신경한 비어발트는 쾨니히스베르크에 남았다.

아렌트는 이제는 누구나 임박했음을 알고 있는 더욱 악랄한 적대 행위로부터 '유스 알리야'를 지키는 일에 착수했다. 1939년 9월, 영국과 프랑스가 독일에 선전포고를 하자 그녀의 동료들은 파리의 사무실 짐을 꾸려 영국으로 옮겨 갔다. 하지만 그녀는 제네바에 본부를 둔 팔레스타인 쟁취를 위한 유대인 기구의 파리 지부에서 다시 일을 시작했다. 독일이 점령한 오스트리아와 체코슬로바키아를 빠져나와 파리에 도착한 유대인 망명자들에게 음식과 주택을 제공하기 위해 힘쓰는 곳이었다. 하지만 파리는 변해 가고 있었다. 비록 한때는 히틀러에 의해 쫓겨난 사람들에게 환대를 베풀던 곳이었지만 더 이상은 아니었다. 새로운 규제들이 시행되었고, 충격과 불행이 사람들을 덮치기 시작했다.

"우리가 사람들이 관심을 갖는 존재였으면 좋을 텐데 … " 이 시기에 쓴 글에서 아렌트는 이렇게 한탄했다. "물건도 살 수 있고 자유롭게 지하철도 탈 수 있으면 좋을 텐데 … ."

1939년 무렵에는 남을 돕는 직업을 가진 사람들조차도 망명자의 존엄을 염두에 두지 않은 일이 흔하게 벌어졌다.

"박사 양반! 박사 양반! 부랑자 양반! 부랑자 양반!"

아렌트는 1943년에 쓴 에세이 「우리 망명자들」에서 파리에 있는 "대형 자선 단체"(아마 로스차일드가 지원하는 곳이었을 것이다.)의 책임자가 독일에서 빠져나와 도움을 청하기 위해 찾아온 한 유대인 지식인의 서류를 보자마자 이렇게 소리치며 부르는 것을 목격했다고 씁쓸하게 회상했다.

그해 가을 의심스러운 정치적 경력을 보유한 독일 국적의 남성으로 분류된 블뤼허는 프랑스 정부로부터 남부 프랑스에 있는 포로 수용소에 입소하라는 통보를 받았다. 자신의 구세주인 샤를로트 셈펠이 구명 운동을 힘들게 펼친 끝에 그를 다시 파리와 아렌트의 곁으로 돌려보낸 12월 말까지 블뤼허는 약 4개월 동안 그곳에서 지냈다. 발터 벤야민의 친구인 알프레드 콘과 함께 보낸 수용소 시절, 그는 자신을 쇠약하게 만드는 신장염에도 불구하고 별을 보며 잠들 수 있는 즐거움과 "거대한 저수지와 같은 두 사람의 지극한 사랑을 생각할 때"의 행복감에 대해서 아렌트에게 편지를 보내, 자신이 감금 생활에도 평상심을 유지할 수 있는 강인한 사람임을 입증했다. 그녀가 수용소 생활의 어려움에 대해 내색하지 않는 그에게 불만을 토로했을 때, 블뤼허는 "문명사에 있어 가장 위험한 시기"를 살아가는 사람들은 자기만의 특별한 고통을 호소하기보다는 보편적인 상황에 관심을 기울여야 한다고 대답했다.

"모든 사람이 자기의 의무를 다해야 한다." 그는 계속해서 이렇게 말했다. "무엇보다 중요한 것은 자기 자신에 대해서 너무 호들갑을 떨지 않아야 한다는 점이다."

둘의 재회는 오래가지 못했다. 다음 해 5월, 벨기에를 침범한 독일이 프랑스에 대한 적대감을 노골적으로 표출하자, 프랑스 정부는 파리 중심부에 있는 임시 거처에 억류하고 있던 독일 출신의 거주민들을 성별에 따라 스페인과의 접경 지역 두 곳(여자는 귀르, 남자는 르베르네)에 설치한 포로수용소에 분산 수용했다. 마르타는 나이 때문에 파리에 잔류하는 것이 허용되었다. 하지만 갓 결혼한 아렌트와 블뤼허는 서로 소식을 전하거나 세상 소식을 접할 수 있는 어떤 수단도 없이 각각의 수용소로 이별하는 아픔을 겪어야 했다. 그녀는 나중에 당시를 회상하며 자신이 자살을 생각했었다고 말했다. 하지만 곧 부랑자의 미덕인 굳건한 마음과 유머로 마음을 다잡은 그녀는 체념과 자기 연민이라는 서로 닮은 한 쌍의 올가미에 걸리지 않도록 스스로 용기를 북돋으며, 음울하고 더러우며 질병이 들끓는 포로수용소에 질서를 세우는 일을 돕기 시작했다.

귀르에서 4주를 보낸 아렌트와 다른 6천 명의 여성들에게 큰 혼란의 시간이 찾아왔다. 그해 6월 말 많은 사람들이 당혹해하는 가운데 프랑스가 독일에 항복하는 사건이 발생한 것이다. 아렌트는 석방을 허가하는 행정 문서를 손에 쥐고 수용소를 걸어 나온 일단의 여성들과 행동을 같이했다.

"우리들 중 누구도 뒤에 남은 사람들에게 어떤 일이 기다리고 있는지 '설명할 수' 없었다." 그녀는 뒤에 이렇게 썼다. "누구나 예측할 수 있는 사실, 즉 수용소가 승리한 독일의 손에 넘어갈 것이라는 사실을 그들에게 알려주는 것 말고는 할 수 있는 일이 없었다."

오직 2백 명의 여성들만이 아렌트처럼 수용소를 떠났다. 나머지는 남편을 비롯한 가족들이 자신을 쉽게 찾을 수 있도록 수용소에 남는 것을 선택했다. 수용소를 장악한 것은 비시정부의 관리들이었다. 그들은 일부 사람들만 풀어준 뒤 나머지는 계속해서 억류했다. 그해 가을, 유대인의 처분을 담당하는 나치 친위대 간부로 새롭게 임명된 아돌프 아이히만은 독일 바덴에 거주하는 약 7천 명에 이르는 유대인들 전부를 이제 독일이 운영하는 강제수용소가 되어버린 귀르로 보냈다. 거기에서 살아남은 유대인들의 대부분은 1942년에 다시 동부 유럽에 산재한 여러 곳의 멸절수용소로 이송되었다. 아우슈비츠가 그들의 주된 행선지였다. 아렌트는 아이히만의 손길을 피할 수 있었다. 하지만 그녀는 여전히 국가는 물론이고 잠시 머물 집도 없는 신세였다. 그녀는 "새로운 종류의 사람, 즉 적에 의해서 강제수용소로 보내질 뿐 아니라 친구에 의해서도 포로수용소에 갇히는 그런 종류의 사람"이었다.

블뤼허도 무사히 탈출했다. 프랑스의 항복 직후 르 베르네로부터 남부 지방으로 강제 이송되던 와중에 몸을 빼내는 데 성공한 것이다. 두 사람은 툴루즈 인근의 몽토방에서 재회했다. 몽토방은 위그노 신도인 시장 때문에 프랑스 전역으로부터 정치적인 망명객들이 몰려드는 곳이었다. 익숙한 사람들이 도시 곳곳에서 모습을 드러냈다. 그중에는 귀화한 프랑스인 대학교수 에릭 베유와 결혼한 안느 멘델스존과 독일이 점령한 파리를 어렵사리 탈출한 아렌트의 어머니도 있었다. 블뤼허 같은 정치적인 망명객들은 물론이고 독일, 오스트리아, 체코, 벨기에, 네덜란드, 폴란드, 그리고 프랑스에서 재산을 몰수당하고 쫓겨난 수만 명의 다른 유대인들처럼 그들에게도 이제 살 방법은 프랑스와 유럽을 벗어나는 길뿐이었다. 특히 자유를 찾아서 비시정권하의 프랑스에서 스페인으로 탈출을 시도했다가 실패한 뒤 낙담 끝에 스스로 목숨을 끊은, 그들의 명민했던 친구 발터 벤야민으로 인해 아렌트와 블뤼허는 그런 사실을 더욱 아프게 깨달았다. 아렌트는 한 편의 시를 지어 벤야민을 기렸다. 어둠 속에 가만히 선 채로 어디선가 들려오는, 이제는 지나가버린 행복했던 시절에나 들을 수 있었던 부드러운 "옛 선율"에 귀 기울이고 있는 사람을 그린 추모시였다.

이 무렵에는 서류 없이 프랑스를 떠나기란 거의 불가능했다. 비합법적으로 프랑스를 빠져나가는 가장 좋은 경로들 중 하나인 마르세유 외곽 탈출로는 32세의 미국 언론인인 배리언 프라이[3]에 의해 운영되고 있었다. 하버드 대학 졸업 뒤 〈하운드 앤 혼〉이라는 작은 시 전문 잡지사의 편집인으로 일하던 프라이는 1940년 6월부터 유럽에 갇혀 있는 과학자와 예술가, 활동가들을 위해 기금을 모집하고, 관리들을 조르고, 위조 전문가들을 고용하고, 국경 관리들을 뇌물로 포섭하고, 믿을 만한 프랑스 출국 서류들과 미국 입국 비자들을 제공하는 일에 발 벗고 나섰다. 마르셀 뒤샹과 아서 쾨슬러, 그리고 반다 란도프스카와 막스 오퓔스를 포함해 그의 도움을 받은 사람들의 숫자는 천 명을 훌쩍 넘었다. 한나와 블뤼허, 그리고 마르타는 마르세유를 여러 번 방문했다. 세 사람은 미국에 거주하고 있던 귄터 슈테른이 써준 추천서의 도움으로 마침내 프라이의 명단에 오를 수 있었다. 프랑스 출국 및 미국 입국허가를 받은 한나와 블뤼허는 즉시 리스본 자유항을 향해 기차에 올랐다. 미국 입국 비자 발급이 지체되고 있던 마르타를 뒤에 남겨둔 채였다. 1941년 4월, 두 사람은 뉴욕행 배를 탔다. 마르타도 몇 주 뒤에 두 사람의 뒤를 따랐다. 프라이의 구조 활동은 9월에 막을 내렸다. 10월에는 프랑스를 포함해 독일에 의해 점령당한 전 유럽 국가들의 국경에서 유대인들의 출입이 봉쇄되었다. 12월에는 첫 번째 가스실이 헤움노에 만들어졌다. 뉴욕으로 강제 추방된 프라이는 미국의 반이민정책과 나치의 살인 기계에 대해 최초로 증언하는 충격적인 보고서들 중 한 편을 썼다. 바로 1941

---

3   1907~1967. 프랑스 구조 네트워크로 4천여 명의 유대인을 탈출시킨 미국 언론인이었다.

년 12월 〈더 뉴 리퍼블릭〉에 실린 「유대인 학살」이었다.

프라이에 의해 목숨을 건진 사람 중에는 로스차일드 부부와 그들의 딸도 있었다. 아마도 한나는 「우리 망명자들」을 쓸 때 이런 사실을 염두에 두고 있었던 것 같다.

"부랑자들뿐 아니라 졸부들까지도 역사에 의해 도망자 신세로 전락했다."

독일 쾨니히스베르크의 집을 굳게 지키고 있던 마르틴 비어발트는 1942년에 심장 발작으로 사망했다. 몇 달 뒤 그때까지 같은 도시에 남아 있던 유대인들은 아이히만에 의해 아우슈비츠로 끌려갔다.

억압과 멸시

『전체주의의 기원』과 유대인 지식인 사회, 1941~1961

모든 것이 가능했고, 진실된 것은 아무것도 없었다.

— **한나 아렌트, 『전체주의의 기원』(1951)**

1941년 5월, 한나 아렌트와 하인리히 블뤼허는 사람들로 북적거리는 뉴욕 웨스트사이드의 부두에 도착했다. 그들이 수중에 가진 것이라고는 현금 25달러, 몇몇 옷가지와 사진들, 그리고 발터 벤야민이 프랑스에서 스페인으로 떠나기 전 그녀에게 맡긴 그의 미출간 에세이들이 전부였다. 일자리를 찾을 때까지 매달 75달러씩 지원해주기로 약속한 한 시온주의 단체의 도움으로 붉은 벽돌로 지은 허름한 월셋집들이 모여 있는 75번가에 가구가 비치된 방 두 개를 구한 두 사람은 한나의 어머니를 기다렸다. 마르타는 다음 달에 도착했다. 몰라보게 야윈 데다 겁에 질린 듯 잔뜩 움츠러든 그녀는 금방이라도 쓰러질 듯 위태로운 걸음으로 뉴욕 땅을 밟았다.

아렌트와 그녀의 몇 명 되지 않는 가족들은 이후 3년 동안 힘든 생활을 이어 갔다. 하지만 방 두 개를 나눠 쓰고 공동주택에서 식사를 준비하는 빈한한 삶 가운데서도 그들은 독일에서 온 여러 친구들을 찾아나섰다. 그중 한 명인 줄리 보겔슈타인 - 브라운은 쾨니히스베르크 랍비의 여동생으로 상대적으로 형편이 괜찮고 뉴욕 지리도 잘 아는 사람이었다. 또한 1935년에 이민을 와 뉴스쿨의 사회학 교수로 있던 알베르트 살로몬은 블뤼허에게 유급 조사 연구 업무를 알선해주었으며, 콜롬비아 대학의 역사학자인 살로 바론[1]은 아직 일상적인 영어 회화도 하지 못하던 아렌트에게 독일어로 책을 쓰라고 격려해주었다. 종종 뉴욕에 모습을 드러낸 베르톨트 브레히트와 정치 이론가인 테오도르 아도르노도 빼놓을 수 없다. 미국에서 살아갈 방향을 찾느라 고심하고 있던 아렌트는 거리마다 이민자들이 넘쳐나는 미국이라는 나라가 유럽 국가들처럼 "핏줄과 영토" 그리고 수천 년 부족 시대의 역사를 매개로 하여 하나로 뭉치는 민족국가가 아니라는 점에 깊은 인상을 받았다. 그곳은 헌법(그녀와 다른 이민자들이 경의를 금하지 못했던 새로운 문서)에 대한 충성 맹세를 통해 하나로 결합된 평등한 시민들의 공화국이었다.

아직 전쟁이 끝나고 미국이 이민 할당량을 확대하기까지는 많은 시간이 남아 있었음에도 불구하고 이미 범세계적인 성격을 띠고 있던 뉴욕 지식인 사회의 모습에 그녀는 틀림없이 크게 놀랐을 것이다. 다른 시기도 그랬지만 특히 1940년대 초·중반의 뉴욕은 알프레드 케이진이 얘기한 대로 "자유와 개방, 희망의 신호등이자 세계적 중심지"였다. 그리고 케이진에게 아렌트가 살던 "뉴욕의 가난한 동네", 어퍼 웨스트사이드는 "인종의 전시장이자 마치 외국과도 같은

---

1 1895-1989. 폴란드계 유대인 역사가였다.

곳"으로 유럽의 사람과 풍경을 그대로 옮겨놓은 듯한 장소였다. 많은 시련에도 불구하고 아렌트는 뉴욕의 품 안에서 포근함을 느낄 수 있었다.

아렌트는 주로 집필 활동을 통해 삶을 꾸려 나가기 시작했다. 그녀는 반전체주의를 자신의 주제로 삼았다. 격주로 발행되는 유대계 독일어 신문인 〈아우프바우〉의 칼럼을 통해 그녀는 모든 유대인들이 일치단결하여 히틀러와의 투쟁에 나설 것을 촉구했다. 국적도 없이 낯선 나라에서 살면서 사람들이 자신과 블뤼허를 백안시하거나 심지어 추방할지도 모른다는 불안감을 안고 있던 그녀는 "유대인으로서, 유대의 깃발 아래, 유대인 자신이 직접 수행하는 전투로" 히틀러와 싸워 나가기 위해 유대인 군대를 창설하자는 입장을 공개적으로 표명했다. 사람들은 크게 관심을 보이지 않았다. 하지만 그녀는 아랑곳하지 않았다. 〈아우프바우〉에 쓴 글에서 "공격을 당한 바로 그 사람이 스스로를 지킬 수 있는 유일한 사람이다."라고 주장한 그녀는, 단지 고통을 받았다는 이유만으로 보상을 기대하는 것이 정치와 세상 물정을 모르는 소리이듯, 히틀러의 패배에 어떤 기여도 하지 않고 그로부터 이익을 누리기만 바라는 것은 "이상향"에서나 가능한 일이라고 일갈했다. 파리에서 블뤼허나 블루멘펠트 같은 친구들과 나눈 수많은 대화들을 되짚어본 아렌트는 오랫동안 유럽의 인정 많은 상류 계층 유대인들을 지배해온 "금권정치적 행태"에 대해 개탄하지 않을 수 없었다. 수세기 동안 유대인과 그들이 살고 있는 나라의 정치적 현실 사이에서 줄타기를 해온 로스차일드 가문이 그 대표적인 사례였다. 유대인 군대는 유대인을 민주적으로 만들고 세계만방에 "유대인들의 현실 정치 참여"를 과시하는 기폭제가 될 것이라고 그녀는 생각했다. 정치에 무관심한 유대인들의 "탈세계주의"와 자기 이해관계에만 매몰되어 있는 인정 많은 유대인 "저명인사"들이 아렌트가 초기에 저술한 정치학 책들의 단골 메뉴가 되었고, 결국에는 그녀의 생애에서 가장 혹독한 논쟁들을 초래하는 결정적인 원인이 되었다.

그녀는 살로 바론의 도움을 받아서 〈쥬이쉬 소셜 스터디즈〉나 〈컨템퍼러리 쥬이쉬 레코드〉 같은 잡지들에 프랑스에서의 반유대주의와 소수자의 권리에 관한 에세이들을 발표하기도 했다. 〈아우프바우〉에 정기적으로 글을 기고하고 있던 그녀는 이제 넉넉하진 않지만 생계를 꾸려갈 수 있게 되었다. 줄리 보겔슈타인 – 브라운도 매주 사탕과 초콜릿 같은 것들을 보내주었다.(뒤에 블뤼허는 마르크스주의자로 "먹는 것을 해결하는 게 먼저이고 윤리는 그다음 문제이다."라고 한 브레히트의 말을 빌려 "빵을 구하는 게 먼저이고 그것을 어떻게 자를지는 그다음 문제이다."라고 말하곤 했다.) 대부분의 요리와 청소는 마르타의 몫이었다. 그녀는 옷가게에 바느질 부업을 하며 적으나마 생활비도 보태고 있었다. 마르타는 영어를 배우는 게 느렸다. 그 점은 블뤼허도 마찬가지였다. 강 건너의 뉴저지 북부에 있는 한 공장에서 삽으로 화학물질을 퍼서 나르는 일을 하던 그는 살로몬의 호의로 유급 조사 연구 업무를 맡게 되었다. 주축국의 군사전략에 관한 책을 위한 조사연구였다. 하지만 처음에는 1분이 멀다 하고 쏟아지던 의뢰인의 요구는 점차 뜸해지기 시작했고, 얼마 뒤에는 그마저도 사라져버렸다. 가뜩이나 그를 탐탁지 않게 생각했던 마르타였다. 집에서 많은 시간을 함께 보내게 된 두 사람은 한시도 사이가 좋을 때가 없었다. 마르타의 눈에 비친 블뤼허는 자신의 역할을 다하지 않는 게으름뱅이였고, 블뤼허도 그녀가 자신을 쥐고 흔들며 "유한계급" 행세를 하고 있다고 불만이었다. 두 사람 사이의 중재자 역할은 언제나 한나의 몫이었다. 이제 그녀는 대부분의 생활비를 책임지는 가장이었다. 집에서 그녀만이 돈을 버는 경우도 드물지 않았다.

한나는 고통스러울 정도로 서로 다른 언어 체계 때문에 많은 어려움을 겪었지만 빠른 속도로 영어를 익혀 나갔다. 하지만 그녀에게 모국어를 쓰지 못하는 것은 크나큰 슬픔의 원천이었다.

"값비싼 스트라디바리우스를 도둑질당한 뒤 말도 안 되는 가격으로 싸구려 바이올린을 사라고 강요당하듯이" 뉴욕에 도착한 뒤 블뤼허는 아렌트에게 보내는 편지에서 이렇게 썼다. "단지 그 바이올린을 연주할 자격을 얻기 위해 모든 것을 다시 공부하는 일만은 거부해야 한다."

그녀는 비록 열심히 공부해서 배웠지만 사는 내내 영어에 애착을 갖지 못했다.

"아주 단순하게 말해서," 그녀는 귄터 가우스에게 이렇게 말했다. "독일에서 살 때는 수많은 독일 시들을 외우고 있었다. 시는 항상 내 마음속 어딘가에 존재하고 있었다. 이제 두 번 다시는 그런 경험을 할 수 없다."

하지만 망명(자신을 원하거나 사랑해주는 국가가 없는 상태)이라는 충격적인 경험은 그녀에게 많은 역사적인 난제들에 대한 성찰과 새롭게 대두된 긴박한 과제들에 대한 명쾌한 해답을 요구했고, 그 결과 그녀는 여덟 권의 주요한 저서와 수백 편의 에세이를 영어로 집필하기에 이르렀다. 고대 그리스·로마 연구가이자 변절자로 비난받는 철학자이며, 내성적인 학자인 동시에 사람들의 애증이 엇갈리는 시온주의 활동가이기도 했던 한나 아렌트는 종국에 자신의 모국어가 아닌 언어를 통해 위대한 저술가가 되었다.

그녀가 영어로 책을 내기 시작했을 무렵(미국에 발을 디딘 지 채 일년이 되지 않을 때였다.)에 쓴 아름다우면서도 신랄한 에세이들은 과거 10년 동안 그녀가 느끼고 겪은 모든 감정과 경험, 열띤 토론들, 그리고 홉스로부터 칸트, 바른하겐, 클라우제비츠, 마르크스에 이르는 유럽의 역사와 사상에 대한 자기 주도 학습의 산물이었다. 편집자들이 문법 교정에 상당한 공을 기울여야 했던 이 에세이들은 〈파르티잔 리뷰〉와 〈메노라 저널〉, 〈코멘터리〉, 그리고 〈내셔널〉에 의해 활자화되었다. 그중 "국가"들이 널려 있는 세상에서 나라 없이 쫓기는 신세에 몰린 사람들의 절망적인 심정을 담담하게 묘사한 「우리 망명자들」은 그녀가 쓴 최고의 걸작들 중 하나다. 마찬가지로 초기에 그녀가 썼던 「실존주의 철학이란 무엇인가」는 1943년 프랑스에서 『존재와 무』를 출간한 장 폴 사르트르의 작품 세계를 소개하기 위한 것으로, 한나의 작품들 중 난해하기로 손꼽히는 것이었다. 사르트르도 그녀에 앞서 동일한 목적으로 「너도밤나무의 기원」이라는 매력적인 이야기를 쓴 바 있었다. 하지만 그와 달리 한나는 독일 실존주의 철학의 역사를 간략하게 소개하는 방법을 택했다. 특히 당시까지 미국 사람들에게 알려지지 않고 있던 마르틴 하이데거와 카를 야스퍼스의 작품들을 집중적으로 다룬 글에서 그녀는 하이데거를 자아 도취에 빠진 악한 천재로, 그리고 야스퍼스를 계몽된 휴머니스트로 묘사했다. 그녀는 나치가 부상하고 있는 엄중한 시대적 상황을 외면한 채 "진정한 자아"에 몰두하고 있는 하이데거의 신낭만주의 철학은 인류에 대한 배신이며, 인간이 생각하는 것을 멈추고 허무주의로 빠져드는 순간 히틀러에 의한 학살이 가능해졌다고 일갈했다. 당시 〈파르티잔 리뷰〉의 공동 편집인이었던 필립 라브[2]는 하늘을 찌를 듯한 그녀의 분노가 고스란히 느껴지는 에세이의 출간에 반대했다. 그는 최소한 독일어로 된 제목만이라도 바꾸어야 한다고 주장했다. 하지만 그녀는 완강했다. 결국 우크라이나 출신의 전 공산주의자로 문학계의 소문난 싸움꾼이었던 라브가 자신의 주장을 꺾고 물러설 수밖에 없었다. "그녀는 경이로운 여인이었다."라고 윌리엄 배럿은 당시의 아렌트를 회상했다.

아렌트는 출세주의자와는 거리가 멀었다. 그녀는 누군가를 기쁘게 해주려는 작은 시도도 하지 않았다. 하지만 라브와 그의 동료들은 그녀를 배척하는 대신에 편집회의를 겸한 오찬과 좌파 조직위원회 회의는 물론 칵테일 파티에도 그녀를 초대했다. 대부분의 구성원

----

2 1908-1973. 미국계 유대인 작가이자 편집자였다.

이 남자들로서 서로 긴밀한 유대 관계를 갖고 있던 뉴욕의 많은 유대계 지식인들은 그녀의 명석한 머리에 놀라움을 금치 못했다. 시인인 델모어 슈왈츠는 그녀를 "바이마르 공화국의 신여성"이라고 부르며 경원시했다. 하지만 알프레드 케이진과 어빙 하우, 그리고 라이오넬 트릴링과 폴 굿맨은 물론이고 나중에 『예루살렘의 아이히만』이 출간된 뒤 그녀를 원수 보듯이 했던 솔 벨로[3]조차도 슈왈츠와는 생각이 달랐다. 그들에게 한나는 이제 미국 사람들의 눈에도 분명하게 보이기 시작한, 상상을 초월할 정도로 두려운 유럽의 재앙을 온몸으로 증언하는 용감하고 깨어 있는 여성임과 동시에 유럽의 철학적 전통을 상징하는 인물이었다. 헤겔을 독일어로, 아리스토텔레스를 그리스어로 읽는 그녀였다. 뉴욕의 지식인들은 케이진이 "예리하기도 하지만 여성스럽기도 하다."라고 얘기한 한나를 자신의 동료로 인정하고 우상처럼 떠받들었다. 적어도 1948년 이스라엘 건국에 대한 이견 때문에 서로 사이가 냉담해질 때까지는 그랬다. 1940년대 중반의 뉴욕 사람들 중에서 그녀가 유대인의 대의에 헌신하고 있다는 사실을 의심하는 사람은 아무도 없었다. 특히 그녀가 살로 바론이 만든 '유대인 관계 회의 산하, 유럽 유대 인문화 복원위원회'의 상근 리서치 책임자로 일을 시작한 뒤에는 그런 믿음이 한층 강화되었다. 뒤에 이 단체에서 이사로까지 승진한 그녀는 전쟁의 와중에서 도난당하거나 황폐화된 유럽 유대인들의 문화적 유산들을 발굴해서 목록

---

3 1903~1970. 캐나다계 유대인 소설가로 전미 도서상을 세 번이나 받은 유일한 작가이다. 1976년에 『험볼트의 선물』로 퓰리처상을 받았고, 같은 해 노벨문학상을 받았다.

으로 정리하는 일을 담당했다. 알프레드 케이진에 따르면 "그녀는 불꽃같은 유대인이었다."

그녀를 달갑지 않은 인물로 기억하는 지인들도 없지 않았다. 주로 여성들이었다. 다이애나 트릴링은 그녀 때문에 자신이 사람들의 관심을 받지 못한 채 따돌림을 당했다고 느꼈으며, 케이진의 세 번째 부인인 앤 버스타인은 "머리카락 밖으로 불쑥 튀어나온 귀"와 미국 문화에 대한 오만한 경멸감을 갖고 있는 "못생기고 우두머리 행세하기 좋아하는 독일 망명자"로 한나를 기억했다. 한나를 좋아했던 윌리엄 배럿조차 그녀가 "자신만의 편견들을 갖고 있었다."라고 인정했다. 그가 목격한 바에 따르면 한나는 선택된 집단에 속한 사람들이 보여주는 "특유의 이중적인 충성심을 보유한 독일 유대인"이었다. 프리드리히 니체의 영향을 받은 그녀는 독일 유대인들을 유럽의 지적 문화를 열렬히 신봉하는 "훌륭한 유럽 사람"으로 인식하고 존경했다.

1945년 어느 봄날 필립 라브가 주최한 파티에서 훗날 그녀의 절친이 되는 메리 매카시를 처음으로 만났을 때 한나는 확실히 불같이 화가 나 있었다. 영리하고 세련된 서른 두 살의 매카시는 비록 잠시 에드먼드 윌슨과 결혼 생활을 하긴 했지만 언제나 남자들의 관심을 한 몸에 받는 매력적인 여성이었다. 원래 〈파르티잔 리뷰〉의 연극 평론가인 그녀는 어느 자리에서나 좌파의 대변자를 자처했다. 그녀의 첫 번째 소설집에 수록된 대표작 「브룩스 브라더스 셔츠를 입은 남자」는 술에 취해 벌거벗은 채 무례하기 짝이 없는 떠돌이 영업 사원과 함께 기차간에서 밤을 보낸 젊은 여인의 모습을 묘사하여 독자들의 공분을 사기도 했다. 파티에 도착한 한나가 잠시 다른 손님들과 함께 서 있는 동안, 이 바사르 출신의 여류 소설가는 자신의 적들, 그 중에서도 특히 프랑스로부터 총애를 받고 싶은 기색이 역력한 히틀러에 관해 가벼운 농담을 던지기 시작했다. 자신도 적이 많았던 매카시는 악행을 저질러놓고 선의를 기대하는 것은 어리석다고 딱 잘라 말했다.

"불쌍한 히틀러!"

메리 매카시가 말하는 순간 아렌트가 폭발했다. 아렌트는 세련된 풍자에는 서툴러 보였다.

"포로수용소에 갇혀 히틀러에게 희생되었던 내게 감히 그런 표현을 쓸 수 있죠?"

이미 귀르가 나치의 수중에 떨어진 사실을 알고 있던 그녀였다. 아렌트는 파티 주최자인 라브(대부분의 사람이 알고 있듯이 매카시의 전 애인이기도 했다.)에게도 "유대인인 당신이 어떻게 자기 집에서 이런 대화들이 오가는 것을 지켜보고만 있나요?"라고 퍼부었다. 그녀는 매카시가 "슬그머니 자리를 피했다."라고 나중에 회상했다. 이후 두 여인은 4년 동안 서로에게 말을 건네지 않고 지냈다. 그러던 어느 날 저녁, 드와이트 맥도널드가 운영하던 잡지 〈폴리틱스〉의 전략 회의에 함께 참석하고 돌아가던 두 사람은 다시 지하철역에서 만났다. 지하철을 기다리며 대화를 나누기 시작한 아렌트와 매카시는 서로를 좋아하고 있다는 사실을 깨달았다. 이날 이후 30년간 두 사람은 서로 속마음까지 털어놓을 수 있는 둘도 없는 친구 사이로 지냈다. 아이히만 재판이 진행되고 있을 때나 끝난 뒤에 아렌트가 자신의 이론을 시험한 사람도, 그리고 자신이 느낀 충격과 분노, 혼란과 경멸의 감정을 털어놓은 사람도 매카시였다. 때로는 블뤼허보다 매카시에게 말하는 것을 더 선호한 아렌트였다.

아렌트의 불같은 분노에 눈길을 뺏겨버린 탓이었는지는 몰라도 케이진과 〈파르티잔 리뷰〉의 편집자들은 그녀의 머릿속에 유대인 군대 창설을 넘어서는 독창적인 생각이 싹트고 있다는 사실을 미처 알아채지 못하고 있었다. 아렌트는 1944년부터 전체주의의 기원에 관심을 기울이는 일련의 초기 에세이들을 잇달아 발표하기 시작했다. 현대의 "인종주의적 사고"에 관한 에세이나 "소수자에 관하여" 같은 에세이가 그 대표적인 것들이다. 그녀는 이 에세이들에서 유사 이래 어디서나 존재했던 반유대주의가 현대에 들어 가장 사악한 형태로 표출된 것이 나치라고 하는 일반적인 개념을 받아들이지 않았다. 실제 이 에세이들에는 나치나 유대인이라는 표현이 거의 나오지 않는다. 그녀는 문제가 더욱 광범위한 것이며, 그 중심에는 출범 당시부터 특정한 인간(독일인, 프랑스인, 슬라브인)이 아니면 시민으로 인정하지 않았던 현대 유럽의 민족국가가 있다고 진단했다. 그로 인해 모든 나라에서 하루아침에 "소속감"을 박탈당한 수많은 남성과 여성들, 즉 소외받은 소수자들이 생겨났다. 물론 권리가 부여되지 않은 소수자들(토박이지만 불법 체류자 신세로 전락한 사람들)도 법에 의해 보호받을 수 있었다. 하지만 법의 토대가 되는 헌법이 없다면 그런 법률들은 언제든지 바뀔 수 있는 것이었다. 소수자들이 지배계급에게 경제적으로 쓸모가 있던 시기도 있었다. 하지만 상황이 악화되면 언제나 비난은 소수자들의 몫이었고, 그때마다 지배계급은 그들에게 제한적으로 부여한 시민권이나 경제적 자유를 입맛대로 거두어 갔다. 이런 문제들은 제1차 세계대전이 끝난 뒤 더 악화되었다. 전쟁에서 승리한 연합국들은 오랜 세월 그 땅 위에 살아온 사람들을 위한 "영주권 내지 자국민을 보호할 어떤 종류의 보호 장치도 마련하지 않은 채" 유럽 제국을 수많은 소규모 신생국가들로 분할해버렸다. 국가들 사이의 경계선은 때때로 어떤 기준도 없이 그려졌다. 이런 사정을 감안할 때 유럽의 유대인들은 국가도 없이 취약한 상태로 살아가는 수많은 소수자들을 대표하는 존재이지 결코 예외적인 소수자가 아니라는 것이 아렌트의 견해였다.

하지만 히틀러는 왜 특별히 유대인에 대한 분노를 키우게 되었을까? 아렌트는 스스로에게 물었다. 1946년에 쓴 「특권층 유대인」(박학다식함으로 읽는 이에게 강렬한 인상을 남겼지만 그녀 스스로는 성에 차지 않은 나머지 「역사의 교훈」으로 이름을 바꿔 수정한 에세이로, 훗날 2007년에 나온 선집 The Jewish Writings에 재수록되었다.)에서 그녀는 해답의 일부를 제시하고 있다. 아렌트에 따르면 라헬 바른하겐 시대보다 앞이거나 동시대에 해당되는 계몽주의 시대부터 19세기까지의 기간 동안 "궁정" 유대인들은 국가에 대한 그들의 기여, 특히 재정적 기여의 대가로 특권을 누렸다. 히틀러가 집권하기 전까지 자신이 가진 부를 이용하여 "유대인들의 공통적인 운명"에서 벗어나는 면책특권을 얻을 수 있었던, 아렌트가 "예외적인 유대인들"이라고 불렀던 이 소수의 유대인들은 두 가지 측면에서 훗날의 재앙을 초래하는 데 이바지했다. 첫째, 그들이 가진 막대한 재물과 비록 광범위하지는 않더라도 특정 사안에 대해서는 깊은 영향력을 행사할 수 있는 정치적 힘이 비유대인들의 시기심을 불러일으켰다. 둘째, 그들은 유대인 시민사회의 지도자로서 모든 유대인들을 대표하여 국가와 독점적으로 협상했으며, 불쌍한 동료 유대인들이 권리 청원을 비롯해서 국가를 상대로 한 일체의 정치 행위를 하지 못하게 가로막는 벽이 되었다. 아렌트는 로스차일드 가문 같은 은행가들의 부가 늘어나면 늘어날수록 "자신들을 지키는 안전판으로서 유대인 대중들의 빈곤"을 원하는 그들의 욕구도 점점 더 커져만 갔다고 썼다. 다수의 유대인들이 더 가난해질수록 부유한 유대인들은 더 안전하다고 느꼈고, 그들의 영광은 더 찬란하게 빛을 발했다. 물론 "특권 유대인들"도 종국에는 히틀러의 마수에서 벗어나지 못했지만, 전체적으로 볼 때 그들이 유대인들을 히틀러의 가장 확실하고도 안전한 정치적 희생양으로 만든 공신이라는 점은 분명하다.

지금 우리가 이런 생각을 거부감 없이 받아들이고 있는 것은 전적으로 아렌트가 1951년에 발간한 『전체주의의 기원』 때문이다. 만일 1940년대 중반이었다면 미국 사회에서 이 책은 큰 반향을 불러일으키지 못했을 것이다. 그 시절에는 아렌트의 생각이 반유대적이라기보다는 오히려 마르크스주의자의 주장처럼 들렸기 때문일 수도 있고, 혹은 이민자의 후손인 당시 미국인들에게 유럽 유대인들의 역사가 그들의 아버지나 할아버지처럼 익숙하지 않았기 때문일 수도 있다. 하지만 아이히만의 재판은 모든 것을 바꾸어놓았다. 아렌트의 주장은 많은 사람들의 신경을 건드렸다. 막스 아렌트와 동시대를 살았던 동화된 유대인들은 "바깥에서는 다른 사람들과 똑같은 사람으로, 집에서는 유대인으로 살 수 있다."라고 주장했다. 아렌트에게 그것은 착각임이 분명했다. 미국은 몰라도 적어도 유럽에서는 그러했다. 독일이나 서구 문화의 정수를 완벽하게 습득함으로써 "유대인 대우"에서 벗어날 수 있다고 느낀 바른하겐이나, 아렌트 시대의 "교육받은 유대인"들의 생각도 마찬가지였다. 아렌트는 쾨니히스베르크 시절이나 독일 고급문화에 완벽하게 동화된 채 자신과 동시대를 살아간 비범한 유대 지식인들에 대해 자부심을 갖고 있었다. 윌리엄 배럿에 따르면 그녀는 "그렇게 살 수 있었던 상황이나 시절에 대해 마음 깊은 곳으로부터 향수를 갖고" 있기까지 했다. 하지만 그녀는 유럽의 유대인들이 "사회적 성공에는 정치적으로 비참한 대우를, 반대로 정치적 성공에는 사회적인 경멸이라는 대가를 항상 지불해야만 했다"고 확신했다. 그리고 히틀러의 부상과 함께 밀어닥친 게슈타포의 군홧발은 이제 그런 시소게임조차도 허용하지 않았다. 결국 유럽의 유대인들에게 동화란 환상에 지나지 않았다.

『유대 관련 선집』의 두 번째 장에 실린 일련의 에세이에서 아렌트는 노력하는 자들의 세계에서 부랑자가 갖는 미덕에 대해 아낌없는 찬사를 표하고 있다. 그녀는 몰역사적으로 (마치 신화의 세계에 사는 것처럼) 동화를 꿈꾸는 몽상가들과 소극적인 특권 수호자들에게 영

적 진실을 들려주는 "의식 있는 부랑자"들에 대해 연구했다. 특히 그
녀가 주목한 사람은 하인리히 하이네와 프란츠 카프카 같은 시인과
작가들이었다. 개인의 진심 어린 생각을 담고 있는 이 에세이들에서
그녀가 강조하는 주제는 간단명료했다. 바로 제3제국에 의해 모든
유대인들이 버림받은 존재라는 사실이 입증됐다는 것이다.

"부랑자이건 졸부이건 유대인은 모두 같은 배를 타고 있다." 그
녀는 계속해서 이렇게 썼다. "분노의 바다를 헤쳐 나가기 위해 다 같
이 필사적으로 노를 젓고 있는 그들에게는 도망자라는 똑같은 낙인
이 찍혀 있다."

하이네, 카프카, 베르나르 라자르, 그리고 아렌트가 "최고의 친
구"로 여긴 라헬 바른하겐 같은 사람들의 전통을 따라 "의식 있는 부
랑아"로 사는 것이 그저 반사적으로 이미 다 헤져버린 희망이나 환
상을 부여잡은 채 살아가는 것보다 훨씬 더 나은 삶이었다.

"유대인들이 자랑하는 모든 것들('유대인의 심장'이라고 부르는 인간
애와 유머, 객관적인 지성)은 모두 부랑자의 특성들이다."라고 그녀는
썼다. "반면 유대인의 단점들(요령 부재, 정치적인 아둔함, 열등감, 돈에 대
한 집착)은 모두 졸부가 가진 속성이다."

결론적으로 불행을 딛고 강한 존재로 거듭나는 방법은 강요된
추방에 대해 유대인 군대와 같은 집단적인 저항으로 맞서는 것이었
다. 그녀는 정치적으로 무관심하거나 어떤 준거 세계도 갖지 못한
유럽과 미국의 일부 유대인들, 나아가 자신의 의지가 아니라 타인에
의해 권리를 부여 혹은 보호받고 있는 모든 사람들에게 명백히 가혹

한 비평가일 수 있다.

"유대인이라는 '불명예'에서 벗어나는 방법은 한 가지밖에 없다. 바로 전체적인 유대인의 명예를 지키기 위해 싸우는 것이다."

1943년 자신과 같은 망명자로 벤야민처럼 자살로 생을 마감한 슈테판 츠바이크에 관해 쓴 에세이에서 그녀는 이렇게 주장했다.

이때는 그녀나 블뤼허 모두 폴란드를 비롯한 동부 유럽 각지에 독일이 운영하는 강제수용소들이 존재하며, 독일과 점령국에 살던 유대인들이 이곳으로 강제로 이주당하고 있다는 사실을 알고 있었다. 두 사람은 아돌프 아이히만도 알고 있었다. 1943년부터는 그들의 귀에 멸절수용소에 관한 얘기가 들려오기 시작했다.

"처음에 우리는 그것을 믿지 않았어요."

아렌트는 가우스에게 이렇게 털어놓았다. 그것은 믿기 어려운 일이었을 뿐만 아니라 "군사적인 측면에서 전혀 필요하거나 요구되는 일이 아니기 때문이었어요. 남편은 … 믿을 수 없다고 말했죠 … 그러고는 이렇게 외쳤죠 … 그들이 그런 짓까지 할 리가 없어!"

여섯 달 뒤 러시아가 폴란드로 진격해 들어갔을 때 "우리는 증거를 발견할 수 있었어요." 그녀는 계속해서 말을 이어 갔다.

"마치 한 편의 지옥도와 같은 장면이 눈앞에 펼쳐져 있었죠."

정치적이거나 군사적인 목적과는 상관없이 단지 살인만을 목적으로 만들어진(아렌트가 표현한 대로 "시체 제조"를 위한) 기계화된 공장이 실제로 존재한다는 것이 밝혀지면서 아렌트의 삶은 180도 바뀌었다.

"적어도 내게 있어서 결정적인 계기는 1933년이 아니었어요." 뒤에 그녀는 이렇게 말했다. "내 삶을 바꾸어놓은 결정적인 계기는 아우슈비츠에 대해서 알게 된 날이었어요."

그날 이후 아렌트는 유럽에서 소수자로서 살아온 유대인의 역사를 증언하는 에세이들을 수집하기 시작했다. 추가적인 작업 방향에 대해 윤곽을 잡은 그녀는 1944년이 거의 다 끝나갈 무렵 휴튼 미플린 출판사로 한 편의 제안서를 보냈다. 그녀가 『수치의 성분 : 반유대주의 – 제국주의 – 인종주의』 혹은 『지옥을 떠받치는 세 기둥』, 간단하게는 『전체주의의 역사』라고 부르던 책의 출간을 위해서였다. 휴튼 미플린의 편집인에 의해 책의 제목은 『전체주의의 기원』으로 결정되었다. 그녀는 자신이 믿지 않고 있는 역사의 예측 가능성이나 불가피성을 암시하는 듯한 제목이 맘에 들지 않았다. 멸절수용소는 결코 예측 가능한 것이 아니었다. 그것은 지난 뒤에야 비로소 알 수 있는 존재였다. 하지만 그녀의 이름을 세상에 널리 알린 것은 바로 이 책이었다.

1945년 5월, 유럽에서 전쟁이 끝나자 뉴욕의 유럽 유대인 문화 복원 위원회는 바쁘게 돌아갔다. 아렌트는 담배 가게와 중고품 가게들로 둘러싸인 콜럼버스 서클 근처의 지저분한 동네에 위치한 위원회 사무실에서 나치 독일 이전 시대의 유대교 회당과 문서 보관소, 그리고 박물관을 알고 있는 망명자들과 학자들을 잇달아 인터뷰하고, 그들의 발언을 꼼꼼하게 기록해 나갔다. 아렌트와 동료들은 이를 토대로 전후 조사관들의 활동에 지침을 제공한 2백 페이지 분량의 보고서 「주축국에 의해 점령당한 국가들의 유대 문화유산 잠정명단」을 출간했다. 아렌트가 『전체주의의 기원』에서 전체주의의 특성으로 "의도된 무정형"과 전복시키기 어려운 다층적 구조라는 개념을 제시한 것도, 독일이 아이히만을 필두로 한 관료들의 교묘한 수완을 통해 유물 도둑질을 은폐했던 방법에서 영감을 받은 것이었다. 수용소 생존자들이 남긴 증언도 읽은 그녀는 곧 사람들의 인간성을 파괴하는 수용소의 묘한 힘에 주목했다. 유·무죄와는 상관없이 살던 곳에서 쫓겨나 다시 돌아갈 수 있다는 일체의 희망 없이 발가벗은 몸으로 굶주림과 고문에 지속적으로 노출되면서, 원래 각자 개성을 가진 존재였던 사람들이 점점 서로 구별이 되지 않는 단순한 반응덩어리들로 전락했던 것이다. 『전체주의의 기원』에서 접할 수 있는 위대한 통찰 중 하나는 수용소가 "인간의 본성을 바꿀 수 있는지 여부를 시험한 실험실"이었으며, 이를 통해 인간 정신에 대한 "총체적 지배"가 가능하다는 사실이 입증되었다고 밝힌 것이다. 그녀가 총체적 지배와 관련한 나치의 실험을 지칭하기 위해 사용한 "근본악"이란 표현은, 뒤에 저지른 악행에 비해 충격적일 만큼 평범한 아이히만의 내면세계를 설명하기 위해 "악의 평범성"이라는 개념을 만들기 전까지 아렌트를 대표하는 가장 유명한 문구가 되었다.

이 역사적 재앙에 영향을 미친 또 다른 요인도 있었다. 그녀는 그 시대의 정치적 혼란과 광범위한 실업이 수백만 명의 독일인들을 "경제적으로는 잉여인간, 사회적으로는 골치 아픈 존재"가 되도록 내몰았고, 결과적으로 나치당이 유대인과 비유대인 모두에게서 삶의 존엄과 의미, 그리고 종국에는 목숨 자체를 앗아가도록 만드는 데 일조했다고 주장했다. 그녀는 그로부터 20년이 지나 『예루살렘의 아이히만』에서 만약 유대인을 수송하는 임무를 담당했던 이 독일 중령이 삶을 무의미한 것으로 생각하지만 않았어도 자신이 예루살렘 재판에서 본 "책상 뒤의 살인자"는 되지 않았을 것이라고 주장했다.

그녀는 언제나 열심히 일을 했다. 특히 전쟁 직후인 1945년부터 1950년대 초반까지 수년 동안 그녀는 거의 초인적인 기세로 일을 했다. 명단의 편집과 『전체주의의 기원』의 집필로 바쁜 와중에도 그녀는 출판사 쇼켄 북스가 설립한 뉴욕 지사의 선임 편집자 일을 새롭게 맡았다. 그녀는 특히 프란츠 카프카의 일기와 게르숌 숄렘이 쓴 학술서의 출간 준비에 많은 공을 들였다. 쇼켄 북스의 창업자인 살만 쇼켄은 아렌트의 친구이자 신중한 성격의 출판인이었는데, 그녀는 자신이 갖고 있는 벤야민의 에세이 원고를 영어로 출판하도록 틈틈이 그를 설득했다.(하지만 1959년에 쇼켄이 사망할 때까지 그녀의 요청은 받아들여지지 않았다.) 그녀의 일 욕심은 끝이 보이지 않았다. 브루클린 대학의 대학원생들에게 유럽 역사를 가르치는 겸임 교수직을 새롭게 맡은 그녀는 다시 유다 마그네스가 이끄는 1국가 2체제 방식에 의한 이스라엘 통일 운동에 정치 고문으로 합류했다. 그녀의 임무는 팔레스타인 지방의 유대인과 아랍인 간의 협상에 의한 문제 해결을 촉구하는 각종 문서와 연설문들을 작성하는 것이었다. 그녀는 『전체주의의 기원』을 집필하는 틈틈이 팔레스타인에 유대인만의 배타적인 국가 설립을 반대하는 일련의 에세이들을 쓰기도 했다.

"이웃이 인정하고 존중하지 않은 집은 집이 아니다." 여전히 국적 없는 신세였던 아렌트는 이렇게 주장했다. "팔레스타인 독립은 유대인과 아랍인이 서로 굳건히 협력해야만 달성할 수 있다."

그녀는 전통적으로 호전적인 성향을 보이는 시온주의자들에 대해 그들이 상대방과의 차이를 인정하지 않은 나머지 이런 견해에 동의하지 않는다고 비판했다.

"(대규모) 만장일치는 합의의 결과가 아니다. 그것은 광신과 히스테리의 표현과 다름이 없다."

이번에는 미국인 친구들이 그녀의 주장에 주목했다. 하지만 그들은 아렌트의 견해에 동의하지 않았다. 〈코멘터리〉의 편집자인(그리고 나중에 유명한 예술 비평가가 된) 클레멘트 그린버그는 그녀의 에세이에 대해 "반유대주의적인 메시지로 가득하다."라는 터무니없는 주장을 하며 그녀의 작품 출간을 연기시켰고, 〈아우프바우〉도 그녀의 칼럼을 취소했다. 그녀에게 우호적이었던 좌파 잡지인 〈쥬이쉬 저널〉도 그녀를 비난하는 대열에 합류했다. 시온주의 역사학자들도 일제히 아렌트를 공격했으며 뒤에 『예루살렘의 아이히만』를 격렬하게 비난했던 법학자 제이콥 로빈슨도 그녀에 대한 분노를 감추지 않았다. 그뿐이 아니었다. 뒤에 앤 버스타인에게 털어놓은 것처럼 아렌트는 한동안 '이르군(Irgun)'[4]의 암살 대상에 오르기까지 했다. 하지만 유엔의 팔레스타인 분할 결정에 의해 이스라엘이 건국되면서

---

4 시온주의 무장단체로 주로 팔레스타인 지방에서 활동했다.

아렌트를 둘러싼 논쟁은 가라앉았다.

그 뒤 수년 동안 아렌트의 친구들로 이루어진 "작은 부족"은 점점 규모가 커졌을 뿐 아니라 그녀에게 더 헌신적이 되었다. 하지만 아렌트는 이스라엘이 건국되던 1948년 5월, 〈코멘터리〉에 실은 자전적인 글을 마지막으로 더 이상 자신을 시온주의자로 공언하지 않았다. 물론 유대인이라는 이유로 공격을 당할 때는 스스로를 유대인으로 규정하고 방어했지만, 그 밖의 경우에는 게르숌 숄렘에게 얘기한 것처럼 자신의 "유대 핏줄"이 "부인할 수 없는 사실이긴 하지만 개인적으로는 전혀 중요하지 않은" 것으로 바라보았다.

아렌트의 어머니는 딸의 언행이 점점 거침없어지는 것을 걱정했다. 마르타는 아렌트의 변화가 과로와 노동계급 출신인 블뤼허의 영향 때문이라고 여겼다. 그것은 전적으로 옳은 생각이 아니었다. 단호한 면이 있긴 했지만 기본적으로 수줍음이 많고 열심히 자기 일만 하던 젊은 아렌트에게 세상과 정면으로 맞서 자신의 생각을 자유롭고 솔직하게 얘기하는 법을 가르친 주범은 바로 그녀가 겪은 시련들이었기 때문이다. 점점 더 활동적이 되어 가는 아렌트와 달리 그녀의 어머니와 블뤼허는 집에서 보내는 시간이 늘어 갔다. 같이 어울릴 친구가 거의 없던 마르타는 점점 고립감을 느끼고 냉소적으로 변해 갔다. 직업도 없는 데다 발작적으로 찾아오는 "우울감"에 자주 시달렸던 블뤼허도 "읽고 또 읽는" 일 말고는 할 것이 없었다. 1946년에 아렌트가 자신에게 보낸 연민 가득한 편지에서 언급한 것처럼 블뤼허는 사실상 식물인간이나 다름없어 보였다.

"그의 우울감은 가스실에서 비롯된 것이에요." 예루살렘에 있는 쿠르트 블루멘펠트에게 보낸 편지에서 이렇게 언급한 그녀는 다음과 같은 말을 덧붙였다. "사람들이 서로 도움이 되는 경우는 거의 없지만, 우리 같은 경우는 상대방이 없었으면 아마도 둘 다 살아남기 어려웠을 거예요."

"아무 일도 못하고 있을 때 무기력함을 느끼고, 자신이 잉여인간이 아닐까 생각했다."라고 로자가 레오 요기헤스[5]에 대해 쓴 글을 발견했을 때, 아렌트의 머리에 블뤼허가 떠올랐던 것도 당연했다. 아렌트는 로자 룩셈부르크가 이 점 때문에 그녀의 연인을 나쁘게 볼 사람이 절대 아니었을 것이라고 적었다.

"(스파르타쿠스 동맹의) 동지들은 서로를 이런 기준에 의해 판단하지 않았다."

아렌트도 그랬다. 하지만 (전 스파르타쿠스 동맹 회원인) 마르타는 달랐다. 딸과는 거의 마주칠 시간도 없이 매일 블뤼허의 얼굴만 보고 지낸 마르타는 1948년 여름, 미국에 온 이후 처음으로 외국 여행을 할 수 있게 되자 영국으로 가는 배편을 예약했다. 그녀는 1938년에 런던으로 도피해서 그곳에 정착한 자신의 수양딸, 에바 비어발트와 함께 살 생각이었다.

마르타는 천식을 앓고 있었다. 배에서 갑작스런 천식 발작을 겪은 그녀는 런던 도착을 불과 며칠 남겨놓고 숨을 거두었다. 1948년 7

---

5 로자 룩셈부르크의 연인으로 그녀와 스파르타쿠스 동맹 활동을 같이한 혁명가였다.

월 하순, 에바 비어발트는 짤막한 전보를 쳤다.

"어젯밤 어머니 사망. 화장 예정."

한때 음악을 사랑하고 모험을 즐기며 자유로운 영혼으로 살았던 마르타는 그렇게 74세의 나이로 세상을 등졌다. 야단스럽게만 느껴지는 낯선 문화 속에 고립된 마르타는 점점 더 하소연만 늘어놓는 불쌍한 여인이 되어 갔다. 한나가 1943년에 쓴 것처럼 마르타도 "우리 망명자들" 중 한 사람이었다.

"우리는 고향을 상실했다. 이제 더 이상 익숙한 일상을 맛볼 수 없게 된 것이다. 이 세상에 쓸모 있는 존재라는 것을 보여주던 직업도 빼앗겼고, 가장 간명한 표현 수단인 … 언어도 잃어버렸다."

마르타의 죽음으로 "이 미친 세상"이 낳은 온갖 질병과 전쟁, 혼란과 고통에도 불구하고 언제나 한결같은 모습으로 한나를 위로해 주던 그녀의 어린 시절도 사라졌다.

사라진 것은 그뿐이 아니었다. 그녀가 태어난 도시도 지도에서 자취를 감췄다. 포츠담회담에서 소비에트 러시아는 전쟁이 할퀴고 간 쾨니히스베르크를 자신의 영토로 만들었다. 해군 전초기지로 사용하기 위해서였다. 러시아는 도시 이름을 칼리닌그라드로 바꾸고 여행객들의 방문을 봉쇄했다. 그녀는 여전히 나라 없는 신세였다. 미국 국적도 취득하지 못한 상태였다. 이제부터 그녀의 고향은 블뤼허였다.

"나의 들창코. 오, 당신은 나를 사방에서 지켜주는 든든한 벽이에요."

다음 해 그녀는 블뤼허에게 쓴 편지에서 이렇게 말했다. 그는 즉시 회신했다.

"당신이 내 벽을 필요로 하는 것보다 나는 더, 훨씬 더, 당신의 벽이 필요하오."

그의 말은 한 톨의 거짓 없는 진실이었다.

블뤼허는 점차 활력과 자신감을 되찾아 나갔다. 마르타가 사망할 당시 아렌트는 뉴햄프셔주 하노버에 있는 다트머스 대학에서 『전체주의의 기원』을 집필하며 은둔에 가까운 생활을 하고 있었다. 블뤼허는 그녀에게 고백하듯 편지를 썼다.

"나는 양심의 가책을 느끼기 시작했소." 그는 인정했다. "그 늙은 여인은 … 목소리도 약간 분명치 않고 논리정연하지도 않았지만 유한계급의 관점을 강력하게 옹호하려 했소 … 하지만 내가 정말로 화가 났던 것은 그녀가 당신의 피를 빨아먹고 살면서도 당신의 믿을 수 없는 업적에 대해서는 일말의 존경심도 갖고 있지 않았다는 점이오."

마르타가 죽은 지 불과 며칠 지나지 않아 "발작처럼 그를 엄습한 갑작스런 생산성 향상" 덕분에 블뤼허는 뉴욕의 뉴스쿨에서 역사와 철학을 가르치는 안정적인 일자리를 얻게 되었다. 그뿐만이 아니었다. 블뤼허는 뉴욕에서 수백 마일 떨어진 허드슨강변에 위치한 지적 활동의 산실, 바드 대학과 이후 오랫동안 서로를 흡족하게 만들었던 인연을 이 시기에 맺을 수 있었다. 그는 학생들에게 영감을 주는 탁월한 선생이었다. 하지만 그의 상황은 아직도 불안했다. 학위가 없어서 심하게 위조된 이력서를 사용한 데다 독일에서의 화려한 공산주의자 경력까지 가지고 있는 블뤼허였다. 전후 미국과 독일 양국에서 격화되고 있던 반공산주의 운동이 자신을 노리고 있다고 그가 생각한 것은 일리가 있었다. 아렌트의 어머니가 세상을 떠난 늦여름, 블뤼허는 젊은 러시아계 유대인과 사랑에 빠져 있었다. 그는 아렌트와의 결혼 생활 내내 많은 여인과 바람을 피웠지만 아렌트에게 발각된 것은 이번이 처음이었다. 부부를 모두 아는 친구로부터 남편의 외도를 알게 된 아렌트는 절망하고 분노했지만 언제나처럼 이번에도 애써 평상심을 회복하며, 자신이 이런 일로 흔들리는 사람이 아니라는 것을 다시 한 번 입증했다.

아렌트가 『전체주의의 기원』을 완성한 것은 1949년 가을이었다. 그녀의 시대를 휩쓴 광풍의 정체를 해부하고자 한 아렌트의 위대한 노력의 결정체인 이 책은 어떤 측면에서 당시는 물론이고 지금도 여전히 강한 반향을 불러일으키는 형이상학적 주제인 고독, 뿌리 그리고 소속의 상실에 관한 명상록이라고 할 수 있다. 이 책의 목적은 사람을 타인에게는 물론 스스로에게도 잉여인 존재로 만들어버리려고 하는, 이해하기 어려운 사악한 의도의 정체를 파악하는 것이다. 이를 위해 그녀는 18세기 이후 유럽인들 내부에서 증가하기 시작한 "잉여인간"들을 총 세 장에 걸쳐 다루고 있다. 첫 번째 장인 "반유대주의"에서 아렌트는 오래전부터 희생양으로 사용된 유대인이 처음에는 종교적인 목적에서, 그리고 나중에는 정치적 의도에서 따돌림을 받았으며, 그 결과 유대인이 고향을 상실한 현대인의 출현을 알리고 그들을 상징하는 존재가 되었다고 설명한다. 그녀는 사리사욕을 추구하는 극소수 사람들이 어떻게 대다수 취약한 사람들의 눈을 그들의 운명이 걸린 정치적인 변화로부터 가릴 수 있었는지를 설명하기 위해 자신이 일찍부터 갖고 있었던 특권층 유대인, 부랑자 및 졸부에 관한 통찰을 활용했다. 두 번째 장인 "제국주의"에서는 전통적인 귀족계급을 해제시키고, 특색도 뿌리도 없던 부르주아계급을 새로운 시대의 주역으로 탄생시킨 19세기와 20세기의 산업 발전을 묘사하고 있다. 하지만 아렌트에 따르면 이들 중산계급의 영광은 오래가지 못했다. 그들은 곧 정치적·경제적 소모품으로 전락했다. 세 번째이자 마지막 장인 "전체주의"에서 아렌트는 한껏 고조된 감정과 성서에 나옴직한 어조로 다음과 같이 써내려갔다.

"전체주의는 인간의 고독과 소속감의 상실이라는 경험에 터 잡고 있다. 그것은 인간의 가장 격렬하고 절망적인 경험을 자양분으로 살아간다."

만성적인 실업, 치솟는 물가와 가혹한 세금, 의도된 행동과 토의를 유도하는 억압적이거나 질 낮은 공개 토론회, 한 나라에서 다른 나라로, 한 일자리에서 다른 일자리로 끝없이 내모는 사회와 그로 인한 혼란, 결백과 유죄를 구분하기 어려운 강요된 모순, 내집단과 외집단의 분명한 구분, 그리고 테러의 위협(전체주의 지배의 모든 수단들)은 희생자는 물론이고 가해자들조차도 자신들의 삶을 경시하게 만드는 것이었다.

하지만 모든 것을 일거에 바꾸어버린 것은 죽음의 수용소였다.

그것은 인간 본성의 변화를 시험한 어두운 실험실이었다.

(수용소들에 의해) 불가능한 것이 가능하게 되었을 때 처벌할 수도 없고 용서의 대상이 될 수도 없는 절대악이 탄생했다. 그것은 사리사욕과 탐욕, 분노와 권력욕, 비겁함 같은 일반적인 범죄 동기로는 더 이상 설명하거나 이해될 수 없는 전혀 새로운 유형의 악으로, 분노로 되갚을 수도 없고, 사랑으로 인내하거나 우정으로 용서할 수도 없는 악이었다. 살인 공장 혹은 망각의 구덩이에 내몰린 희생자들이 집행관들의 눈에 더 이상 "사람"으로 비춰지지 않았듯이, 이 새로운 종류의 범죄자들은 그동안 출현한 어떤 사악한 무리와도 같은 반열에서 비교될 수 없는 존재였다.

책의 어딘가에 아렌트는 다음과 같은 글을 남겼다.
"모든 것이 가능했고, 진실된 것은 아무것도 없었다."
그녀는 자신의 남편에게 이 책을 바쳤다. 그녀가 책을 쓴 1940년대 내내 원고를 읽고 또 읽은 블뤼허는 20세기 정치사와 전쟁사는 물론 국가사회주의의 실패와 전체주의 체제의 조작에 취약한 "개성 없는" 대중들의 등장까지 책의 많은 부분에 지대한 기여를 했다.
1951년 봄에 출간된 『전체주의의 기원』은 비록 일부 독자들로부터 뒤늦게 덧붙인 것이라는 소리를 듣긴 했지만, 소비에트 러시아의 전체주의에 대한 분석도 시도했다. 책은 많은 사람들의 열광적인 찬사를 이끌어냈다. 1950년에 자신의 책 『고독한 군중』에서 최초로 "내

부지향적 인간"과 "외부지향적 인간" 유형을 분류한 학자로, 한 세대 동안 많은 사상가들에게 큰 영향을 끼쳤던 데이비드 리스먼은 〈코멘터리〉에 쓴 서평에서 그녀를 프로이트, 니체, 콩트와 같은 반열에 올려놓았다. 드와이트 맥도널드도 통찰력 넘치는 그녀의 책이 카를 마르크스 이후 가장 위대한 사회 사상가의 출현을 알리는 것이라고 선언했다. 훗날 수전 손택과 결혼한 필립 리프 또한 아렌트의 책이 "역사에 위대한 영혼을 부여"하고 있으며, 오스발트 슈펭글러의 『서구의 몰락』에 비견되는 것이라고 극찬했다. 아렌트가 일찍이 그녀의 에세이인 「인종주의적 사고」에서 자신에게 영향을 준 사람이라고 밝힌 바 있는 반실증주의자 에릭 보겔린은 『전체주의의 기원』에 관한 유명한 서평을 통해, 반유대주의를 서술한 부분이 현존하는 문제에 관한 역사를 짧지만 탁월하게 묘사하고 있다고 평가했다. 그는 같은 서평에서 『전체주의의 기원』이 "초기의 반부르주아적이고 반유대주의적인 분노로부터 최근의 '자기 의무를 다하는 사람'들과 그들에 의해 희생당하는 사람들의 공포에 이르기까지" 인간성의 해체 과정에 대한 날카로운 분석을 제공하고 있다고 쓰기도 했다. 20세기 유럽에서 발생한 문명과 야만의 충돌에 대해 그녀의 책보다 더 열정적이고 자세하며, 더 감동적이고 영향력 있는 설명을 제공하는 책은 아직까지 존재하지 않는다.

『전체주의의 기원』으로 인해 아렌트는 하룻밤 사이에 지식인 사회의 우상으로 떠올랐다. 프린스턴, 시카고, 버클리, 하버드와 뉴스쿨 같은 대학들로부터 강의와 강연 요청이 물 밀듯이 쏟아져 들어왔다. 일찍이 철학자나 학자들과는 어울려 살지 않겠다는 다짐을 했던 그녀였지만 아렌트는 대중적 지식인의 역할을 기꺼이 떠맡기로 했다. 그녀는 이제 강의만으로도 충분히 생계를 꾸려나갈 수 있게 되었다. 밤이면 귀가하는 곳도 싸구려 월세방이 아닌 좀 더 나은 곳으로 바뀌었다. 그녀와 블뤼허는 모닝사이드 드라이브에 있는 작은 아파트로 이사했다. 비록 햇볕이 들지 않고 피아노 공장을 마주 보고 있기는 했지만, 대신에 부엌이 잘 갖추어져 있고 가구도 부부가 직접 고른 그들만의 보금자리였다. 그것을 증명이라도 하듯 아파트 현관 벽에는 카프카의 초상화가 걸려 있었다. 1959년, 그들은 다시 리버사이드 드라이브에 있는 아파트로 이사했다. 허드슨강을 바라보고 있는, 크고 햇볕이 잘 드는 다섯 개의 방이 그들을 기다리고 있었다. 1951년 12월, 아렌트는 미국 시민이 되었다. 블뤼허가 미국 시민이 된 것은 그보다 여덟 달 뒤였다.

책이 마침내 완성되자 아렌트는 뉴욕에 도착한 이후 처음으로 유럽을 방문했다. 유대 문화 복원 기구를 위한 현장 조사차 유럽 출장에 오른 것이다. 비행기로 첫 번째 목적지에 도착한 그녀는 비록 심하게 훼손된 곳도 있긴 했지만 전체적으로 파리의 모습이 놀랄 정도로 변하지 않았다는 사실을 발견했다. 낡고, 비싸고, 불친절한 데다 난방이나 온수도 전혀 공급되지 않았지만 파리는 여전히 황홀할 정도로 아름다웠다.("작고 오래된 테른 광장 안으로 걸어 들어갔을 때 나는 다시 그곳을 볼 수 있다는 사실에 거의 울음을 터트릴 뻔 했어요."라고 그녀는 블뤼허에게 보내는 편지에 적었다.) 11월 말에는 독일을 방문했다. 비스바덴에 있는 미국인 거주 지역에 전초기지를 마련한 아렌트는 각각 1박 2일의 **빡빡한** 일정으로 본과 프랑크푸르트, 뉘른베르크와 뷔르츠부르크, 그리고 하이델베르크와 베를린에 있는 도서관과 박물관들을 조사했다. 아침부터 밤늦게까지 약속들이 계속 이어지는 강행군 탓에 아렌트는 모국에 왔다는 편안함도 잘 느낄 수 없었다. 하지만 길거리 여기저기에서 들려오는 독일어 소리는 그녀를 "믿기 힘들 정도로 기쁘게" 만들었다. 그녀는 자신이 좋아하는 익숙한 장면들이 잇달아 눈에 들어오자("발이 가야할 곳을 스스로 알아서 찾아갔다.") "한 움큼의 울컥하는 감정들"이 목울대를 타고 올라오는 것을 느꼈다. 하지만 폭격으로 폐허가 된 천 년 독일 역사의 유물들 옆에서 아무 일도 없었다는 듯이 웃고 떠드는 사람들을 보는 것은 괴로운 일이었다. 갑자기 모든 남자와 여자, 그리고 어린아이들까지 마치 오래 전부터 평화주의자였던 것처럼 행동하며, "환상과 어리석음"(후자의 경우 아렌트가 전후 독일인의 특징으로 느낀 진정한 감정의 부재, 특히 공감의 부재를 대변하는 것이었다.) 위에 살고 있었다. 그녀는 길거리에서 만날 수 있는 평균적인 독일인들이 유대인(1950년 독일에는 오직 3만 7천 명의 유대인만 남아 있었다.)을 만날 때면 "자신들이 겪은 고초에 관한 얘기를 폭포수처럼 쏟아"내며 "독일인들의 고통과 다른 사람과의 고통" 사이에 균형을 맞추고 "한쪽을 가지고 다른 쪽을 무력화"하는 시도를 한다는 사실을 발견했다. 그녀는 밀려오는 혐오감에 몸을 떨었다. 전체주의 지배의 후유증은 독일 사람들로 하여금 "모든 사실은 바뀔 수 있고, 어떤 거짓말도 진실이 될 수 있다."라는 끔찍한 신념은 물론이고, 히틀러 치하에서 일어난 일들은 단지 세상에서 일어나는 좋고 나쁜 많은 일들 중 하나라는 삐뚤어진 견해를 공유하게 만들었다. 그녀는 나중에 〈코멘터리〉에 기고한 에세이에 쓴 것처럼 "현실과 동떨어진 독일인들의 인식에서 찾아볼 수 있는 가장 충격적이고 무서운 부분"은 진실에 대한 무관심이었다. 2주 뒤 그녀는 블뤼허가 기다리고 있는 집으로 돌아갈 준비가 되었다.

아렌트는 미국으로 돌아가지 않았다. 대신에 그녀는 바젤 대학에서 교수 생활을 하고 있던 카를 야스퍼스와 재회하기 위해 독일 국경을 넘어 스위스로 들어갔다. 독일 북부 지방의 개신교 집안에서 태어난 야스퍼스는 아렌트가 만난 "고초를 겪었다고 주장하는 독일인들"과는 정반대되는 사람이었다. 한 유대인 여성의 헌신적인 남편으로 나치에 열렬히 반대했던 그는 1936년 자신이 믿는 신념에 따라 마르틴 하이데거와 절교했다. 나치에 의해 1937년부터 독일의 대학에서 교수 생활을 할 수 없게 된 그는 종전 뒤인 1948년에 자발적으로 독일 국적을 포기했다.

"이제 유럽 사람들은 더 이상 그의 저서를 읽지 않고 있어요." 블뤼허에게 편지를 쓴 아렌트는 그에게 부탁했다. "제발 이 노철학자가 최근에 낸 책에 대해 감사하는 편지를 써서 그에게 보내주세요."

한편 독일에서는 하이데거의 책이 "다시 범람"하고 있었다.

다시 독일로 돌아온 아렌트는 이십 년 만에 처음으로 하이데거를 만났다. 그의 나이 60세, 아렌트의 나이 44세 때의 일이었다. 이틀

간의 일정으로 프라이부르크를 방문한 그녀는 하이데거를 만나야 할지 망설였다. 야스퍼스의 부인을 차갑게 대한 것을 비롯해 1930년대에 하이데거가 한 행동들을 스위스에서 전해 듣고 격노했던 그녀였다. 한동안 주저하던 아렌트는 충동적으로 손 편지를 써서 하이데거에게 보냈다. 몇 시간 뒤 그녀가 묵고 있던 호텔에 하이데거가 나타났다. 두 사람은 하이데거의 차를 타고 그의 집으로 갔다. 그의 부인인 엘프리데는 집에 없었다. 그들은 밤늦도록 얘기를 나누며 서로의 사랑을 확인했다. 며칠 후 하이데거에게 쓴 편지에서 아렌트는 두 사람의 재회로 자신이 "온전한 삶을 다시 찾았다."라고 말했다. 그날 밤 "비몽사몽"인 상태로 호텔에 돌아온 그녀는 다음 날 택시를 불러 다시 하이데거의 집으로 찾아갔다. 엘프리데를 한 번만 만나달라는 그의 간청 때문이었다. 엘프리데는 싸울 듯이 그녀를 몰아붙였다. 그 자리에서 정확히 어떤 얘기가 오갔는지는 알 수 없지만, 그것이 "개인적"이고 적대적인 내용이었다는 것만은 분명했다. 뒤에 아렌트가 전 연인에게 보낸 편지에서 회상했듯이 흥분한 엘프리데는 어느 순간 소원한 관계에 있던 카를 야스퍼스를 스위스에서 소환해 누가 옳은지 심판해달라고 하자는 이상한 제안을 하기도 했다. 아렌트는 그날 일에 대해 자세히 얘기하는 것을 꺼렸다. 단지 엘프리데가 자신의 반유대주의적 견해를 밝히는 데 거리낌이 없었다는 정도만 말했을 뿐 나머지에 대해서는 함구했다. 하지만 블뤼허에게 보낸 편지에서는 달랐다. 그녀는 이 "너무나도 끔찍한" 여인이 하이데거의 삶을 "생지옥"으로 만들었을 뿐 아니라, 하이데거로 하여금 나치에 협력하게 만들었다고 비난했다. 아렌트가 하이데거의 친나치 행각에 대해 최초로 언급한 순간이었다.

"제목: 폭도와 엘리트의 임시 연합"

그녀는 『전체주의의 기원』에 수록된 어느 장의 제목을 연상시키는 도입부를 사용하여 남편에게 편지를 보냈다. "폭도와 엘리트의 임시 연합"은 하이데거가 전체주의에 포획된 "끔찍한 명망가들" 중 한 명이라고 하는 자신의 생각을 전달하기 위한 아렌트의 표현이었다. 그녀의 견해에 따르면 하이데거는 원시적이고 인종주의적 민족주의자인 데다 다른 생각이라고는 할 줄 모르는 폭도들에 사로잡힌 포로에 불과했다. 엘프리데도 그런 폭도들 중 한 명이었다. 그런 생각을 하자 어떻게든 여론에 대한 자신의 영향력을 발휘하여 마르틴 하이데거를 다시 세상의 존경을 받는 인물로 복권시켜야 한다는 생각이 아렌트의 마음속에 싹트기 시작했다.

한 달 뒤 다시 재회한 두 사람은 이후에도 가끔씩 만났다. 아렌트를 만날 때면 하이데거는 그녀의 미출간 원고 및 미번역 저서에 대한 칭찬과 세상에 대한 원망을 번갈아가며 그녀에게 쏟아냈고, 가끔은 과장된 감사를 그녀에게 건네기도 했다. 반면에 아렌트는 하이데거의 비공식적인 대리인 역할을 자임했다. 공공연하게 그를 지지하는 데도 주저함이 없었다. 비록 조바심을 낼 때도 있었지만 언제나 그를 공손하게 대했다. 시간이 지날수록 그녀는 젊은 날 하이데거의 서재에 등불이 켜지기를 기다렸던 것처럼 하이데거를 방문하거나 그에게 편지를 쓰기 전에 어떤 신호를 기다리곤 했다. 하이데거의 글이 속도를 내고 생기를 더해 갈수록 둘의 만남이나 서신 교환도 더 잦아지고 열기를 띠었다. 그녀가 처음으로 하이데거와 그의 친나치 활동에 대해 얘기를 나누던 날, 그로부터 무슨 말을 들었는지는 알 수 없지만 (아마도 그가 1945년 탈나치화 위원회 앞에서 했던 증언, 즉 자신은 철학의 위상을 높이고 프라이부르크 대학을 지키기 위해 나치당에 가입했으며, 나치의 유물론이나 인종 혐오가 노골화되기 시작했을 때는 총장직을 사임했다는 것을 그대로 말했을 것이다.) 그녀도 위원회가 그랬던 것과 한 치도 다르지 않게 그를 믿었을 것이다. 프랑스에 의해 구성된 위원회는 1945년부터 1949년까지 하이데거의 교수 자격을 박탈했지만 그 뒤 "단순 동조자임. 특별한 처벌은 필요 없음."이라고 판정하며 그의 자격을 회복시켜주었다. 하지만 어떤 면에서 아렌트의 판결은 무척 까다로운 것이었다. 야스퍼스에게 보낸 한 편지에서 아렌트는 "당신이 (하이데거의 불결한 영혼이라고) 부르던 것을 저는 인격의 결여라고 불러요. 하지만 그것은 말 그대로 그가 인격 자체가 없으며, 특히 사악한 인격은 갖고 있지 않다는 뜻에서 그렇게 부르는 것이에요. 동시에 그는 어느 누구라도 쉽게 잊기 어려울 만큼 열정적이고 깊이 있는 삶을 사는 사람이에요."

1950년대에 「여우 하이데거」라는 제목의 우화 형식으로 쓴 한 일기에서 아렌트는 "여우임에도 불구하고 교활함이 너무 부족한 나머지 계속 덫에 걸릴 뿐만 아니라, 심지어는 덫과 덫이 아닌 것을 구분하지도 못하는", 그리고 어떤 연유인지 다른 여우들이 모두 갖고 있는 털도 없어서 여우로 사는 동안 만나게 될 수많은 역경으로부터 자신을 지켜줄 자연적 보호막이 전혀 없이 사는 한 인간 여우의 모습을 냉소적으로 묘사했다. 그의 기발한 해결책은 이러했다.

"그는 자신의 굴을 지키기 위해 덫을 만들었다."

아마도 하이데거의 나치당 가입과 엘프리데와 꾸린 가정을 모두 가리키는 것으로 보인다. 아렌트가 유럽을 다시 방문하기 시작했을 때, 블뤼허는 뉴욕으로부터 편지를 보내 그녀에게 전 연인을 잘 대해 주라고 격려했고, 판단력 부족과 부인으로 인해 어려움을 겪고 있는 하이데거의 삶에 균형을 가져오기 위해서는 그녀의 우정이 필요하다는 점을 믿으라고 그녀를 다독였다. 아마도 블뤼허는 자신의 이유를 말한 것인지도 모른다. 하이데거는 아렌트로 하여금 블뤼허와 같은 믿음을 갖게 만들었다.

그들의 사적 관계가 어떤 성격의 것이었는지는 두 사람 사이에 오간 편지들을 보면 짐작할 수 있다. 「그늘」에서 "지금껏 이 세상 어떤 것, 어느 곳에도 소속되지 못했다."라고 고백했던 아렌트는 프라이부르크에서 처음으로 함께 저녁 시간을 보내던 날 하이데거에게 자신은 스스로를 독일인이라고 느낀 적이 없고,("나는 지금껏 자신을 독일 여인이라고 여긴 적이 없다.") 그렇다고 유대인이라고 느낀 적도 없으며,("오래 전부터 유대인이 아니었다.") "내 모습 그대로 멀리서 온 여인(프리드리히 실러의 시 제목)이라고 느끼고 있다."라고 털어놓았다.

하이데거는 동명의 자작시로 그녀의 고백에 화답했다.

이방인이었다,

스스로에게조차도,

그녀는.

기쁨의 산과 슬픔의 바다,

욕망의 사막,

도착의 새벽.

이방인, 세계가 시작되는

위대한 시선이 머무는 곳.

그로부터 몇 년 뒤 출간된 아렌트의 두 번째 책, 『인간의 조건』(1958)에는 그녀가 용서에 관해 깊은 생각을 하고 있음을 보여주는 인상적인 글귀가 나온다. 아마 그녀는 하이데거를 염두에 두고 이 대목을 썼을 것이다.

"용서받지 못하거나" 그녀는 생각했다. "우리가 과거에 저지른 일의 결과로부터 벗어나지 못한다면" 인간의 행위 능력은 "만회할 길이 막힌 단 하나의 행동에 국한될 것"이며, "우리는 자기가 걸린 마법에서 벗어날 수 있는 주문을 모르는 가여운 마법사의 제자처럼 영원히 과거의 결과물의 희생자로 살아가야 할 것이다."

결국 아렌트는 하이데거를 용서했다. 그렇게 함으로써 그녀는 자신의 세계를 제자리로 돌려놓았다. 그녀는 자신의 후기 사상의 핵심 주제들인 사고와 행동 그리고 판단의 중요성에 관해 명상에 잠길 때마다 마음속으로 "사색의 왕"을 떠올렸다. 물론 아렌트가 하이데거의 인격의 결여에 대해 잊어버린 것은 결코 아니었다. 특히 그가 유럽에서 점점 명성이 높아져 가고 있던 아렌트에 대해 심술을 부리거나 차가운 침묵으로 대할 때는 더욱 그러했다.

"그는 내가 대중들에게 이름을 알리거나 책을 쓰는 것을 싫어해요."

그녀는 1961년 야스퍼스에게 보낸 편지에서 이렇게 말했다. 하지만 그녀의 "길은 넓고, 세계 곳곳으로 뻗어" 있었고, 아렌트는 쉽사리 그를 추월했다.

아렌트는 유럽을 자주 방문했다. 휴가 때면 스위스에 사는 야스퍼스나 프랑스에 있는 안느 멘델스존을 찾았고, 그리스와 이스라엘에서 에드너 브록의 엄마인 케테 휘에르스트와 함께 시간을 보내기도 했다. 여기에는 전후 한 목소리로 나치 만행을 사죄하고 나선 독일인들이 그녀에게 강연을 부탁하고, 이런저런 상(1959년에 함부르크 시가 수여하는 유명한 레싱상이 그 정점이었다.)을 수여한 것도 한몫을 했다. 독일의 시인이자 극작가이며 계몽사상가이기도 한 고트홀트 레싱을 언급한 그녀의 레싱상 수락 연설은 사실은 자신의 삶을 얘기하고 있었던 것인지도 모른다.

"그는 단 한 번도 자신이 살고 있던 세계가 편안하다고 느낀 적이 없었다. 아마도 그런 것은 원하지도 않았을 것이다. 그럼에도 불구하고 그는 언제나 자기만의 방식대로 그 세계에 헌신했다."

뉴욕에서 그녀는 자신의 전매특허인 특유의 친절함으로 한스 요나스와 로버트 로웰, 아서 슐레진저 주니어를 포함한 수많은 옛 벗들과 새로 사귄 친구들을 즐겁게 만들었다. 아렌트의 뉴욕 집을 자주 찾은 단골손님으로 서로 지속적으로 편지를 주고받았을 뿐 아니라 함께 미국 정치, 지인들, 남자들과 진리의 의미 따위에 대해서 잡담하는 것을 좋아했던 메리 매카시는 아렌트가 손님들에게 "전통적인 음식 순서나 방문 시간에 구애받지 않고 항상 온갖 너트와 초콜릿, 생강 사탕, 차, 커피, 칵테일, 위스키, 담배, 케이크, 크래커, 과일, 치즈를 한꺼번에" 차려냈다고 회상했다. 아렌트는 『인간의 조건』도 완성해서 출간했다. 이 책에서 그녀는 광포한 전체주의와 빈약한 사회복지로 인해 황량한 현대사회의 풍경을 비판하고 이를 극복할 대안으로 그리스적인 관점에 입각해서 공적 영역에서의 인간의 존엄성과 명예, 그리고 자유를 회복할 것을 주장했다. 이어서 『라헬 바른하겐 : 유대인 여성의 삶』을 일부 수정해 영어판으로 출간한 뒤 1961년에는 『과거와 미래 사이 : 정치사상에 관한 여덟 가지 예제』를 출간했다. 지금은 매우 고답적으로 보이지만 당시에는 광범위하게 토의되곤 하던 "권위란 무엇인가?", "자유란 무엇인가?", "문화의 위기", "전통과 현대사회" 같은 주제들을 다룬 책이었다.

언론과 손을 잡고 아이히만 재판에 관한 보고서를 작성하기로 결심하기 전까지 수년간은 이렇게 평화롭고 행복한 날들이 이어졌다. 그녀는 플라톤, 아리스토텔레스, 칸트. 스피노자, 홉스, 마키아벨리, 그리고 혁명과 현상학을 가르치는 강좌를 만들어 전국의 유명 교육기관에서 가르쳤다. 그녀는 하이데거처럼 자신에게 주어진 시간 내내 조금의 한눈도 팔지 않고 엄하게 강의하는 구식 강사였지만, 강의 내용만은 창의적인 통찰력과 개성이 강하게 느껴지는 새로운 아이디어들로 풍성하게 채워졌다. 아렌트의 강의 주제는 언제나 하나로 수렴되었다. 바로 명예와 신념, 정의라고 하는 위대한 서구의 전통과의 단절이 어떻게 전체주의의 발흥을 초래했느냐 하는 것이었다.

아렌트와 블뤼허는 여름이면 매카시와 함께 휴가를 즐겼지만, 그 외에는 부부가 떨어져 지내는 경우가 잦았다. 블뤼허는 바드 대학에서 많은 인기를 누리고 있었다. 신망 높은 강사였던 그는 1952년부터 마지막으로 강의한 1969년까지 매년 급여가 올랐고, 1950년대 내내 그리고 아마도 1960년대 초반까지도 여자 문제가 끊이지 않았다. 하지만 아렌트의 사후 저서 관리인이었던 로테 콜러에 따르면, 아렌트는 "불합리한 미국적 관행"인 이혼을 할 생각은 전혀 없었다. 그녀는 자신들과 함께하자는 많은 반공주의자들과 신보수주의자들의 요청을 거부했다. 나아가 당시 간첩을 색출하기 위해 귀화 시민들에 대한 조사에 박차를 가하고 있던 의회의 각종 위원회들과 법무부로부터 원치 않는 관심을 끌 수 있는 위험을 감수하면서까지 그들을 비난했다. 매카시 시대[6]가 최고조에 달했던 때는 특히 전 공산주의자들(물론 자신의 남편은 암암리에 방어했다.)이 아렌트의 타깃이 되었다. 공산주의 지하 첩보원 활동에 대한 고백을 담고 있는, 휘태커 체임버스의 웅장하고 영적인 자서전 『증언』에 대한 서평에서,

---

6 조셉 매카시 상원의원이 주도한 '마녀사냥'식 극단적 반공주의가 횡행한 시대를 말한다.

그녀는 다른 사람들처럼 앨저 히스의 스파이 활동에 대한 정보를 제공한 체임버스의 역할을 높이 평가하지 않았다. 오히려 그녀는 과거에 강경한 공산주의자였던 "전 공산주의자 그룹"이 의지의 힘에 의해 세상을 바꿀 수 있으며 경찰국가 형태가 바람직하다고 믿는 전체주의적 성향을 공통적으로 갖고 있다고 비판했다. 반면 대개의 "전직 공산주의자들"(그녀가 명시적으로 얘기하지는 않았지만 블뤼허 같은)은 "잃어버린 신념을 대체할 그 어떤 것도 찾지 않으며" 마치 세상에 종말이라도 올 것처럼 떠들어 대거나 이제까지 믿던 것과 정반대인 새로운 대의에 동참하라고 가까운 친구를 졸라 대지도 않는다고 했다.

"이들 역사의 창조자들은 자유 사회가 스스로를 지켜 나가야 한다는 개념을 인정하지 않는다."

그녀는 계속 적어 갔다. 의지의 확실성을 믿는 전체주의적 성향의 사람들은 성별을 불문하고 "용과 싸우기" 위해서는 "용이 되어야" 한다고 주장한다. 그들은 "공화국으로서의 미국"의 정체성을 지우고, 졸부와 부랑자를 불문하고 모든 미국 시민들에게 약속된 "각자 자신의 삶을 살아갈" 자유를 압살하고 싶어하는 유혹에 끊임없이 시달리고 있다는 것이다.

아이히만 이후

뉴욕, 1963~1975

내가 뭘 무서워하지? 나 자신? 다른 누구도 없잖아.

리처드는 리처드를 사랑해. 나는 나일 뿐이야.

여기 살인자가 있나? 그렇지 않아. 아니, 내가 있군.

그렇다면 도망쳐야지. 무엇으로부터? 뭐라고?

내 자신으로부터? 그럴 이유가 뭐지?

복수하지 않기 위해서지.

뭐라고? 내 자신이 내 자신에게?

오, 안 돼! 제발, 난 차라리 자신을 증오해.

내가 저지른 그 끔찍한 악행들 때문에.

나는 악당이야. 아니야. 그건 거짓말이야.

나는 악당이 아니야.

바보, 자신을 좋게 얘기하지 마.

바보, 스스로에게 아첨하지 마.

— W. 셰익스피어, 『리처드 3세』.

한나 아렌트의 「사유와 도덕적 고려 사항들」[1]에서 재인용.

---

1 〈소셜 리서치〉 38, No.3, 1973년 가을호 443쪽에 수록된 글이다.

아이히만 재판과 『예루살렘의 아이히만』 출판 직후 시련의 시간
이 아렌트를 찾아왔다. 하지만 그녀는 굳건한 마음과 유머, 지혜와
건강을 무기로 이를 헤쳐 나갔다. 비록 이전과 달리 명성에 대해 좀
더 경계하는 마음이 들고, 가까운 친구들을 보호해야 한다는 생각
도 커졌을 뿐 아니라, 오랫동안 자신의 사유 체계에서 중심적인 주제
가 되어온 인간의 존엄과 반항, 탈관습과 자유에 대해 얘기하려면 이
전보다 강한 결단이 필요하긴 했다. 하지만 아렌트는 위축되지 않고
공개적인 활동을 계속해 나갔다.

1963년 가을, 그녀는 시카고 대학과 5년짜리 강의 계약을 체결
했다. 그녀는 신고딕 양식으로 멋지게 지어진 학교 캠퍼스 내 자신
의 숙소에서 생활했다. 자는 것은 물론 먹는 것도 모두 그곳에서 해
결했다. 가끔 폴 틸리히나 한스 모겐소가 아렌트와 저녁식사를 같이
하긴 했지만, 그렇지 않을 때는 혼자인 경우가 대부분이었다. 시카
고 대학에 근무하는 그녀의 지인들(우선 아렌트의 친구이자 미술 평론가
인 해럴드 로젠버그가 있다. 그는 어느 날 오후 내내 『예루살렘의 아이히만』에
대한 불평을 아렌트에게 늘어놓았다. 아렌트는 한마디도 하지 않고 그의 말을
들었지만, 나중에 두 사람이 모두 아는 지인에게 그가 "집게발 같은 손"을 갖고
있다고 말했다. 또 아렌트를 한 번도 따뜻하게 대한 적은 없지만 서로 정치적
열정을 공유하고 있던 솔 벨로도 있다.)은 한동안 그녀를 서먹하게 대했
지만, 점차 로버트 맥키언 같은 다른 교수들처럼 사상가와 학자들의
품으로 귀환한 아렌트를 환영하기 시작했다.(여전히 그녀에게 날을 세
운 벨로는 1970년에 쓴 자신의 소설 「새믈러 씨의 혹성」에서 "평범성이라는 개

념은 바이마르 공화국 지식인들의 어리석은 아이디어를 전파하기 위해 비극적인 역사를 활용하려는" 한 여성 교수가 채택한 개념으로 "양심을 파괴하고자 하는 강력한 의지를 감추려는 위장 도구에 다름 아니다."라고 말하며 때늦은 조롱을 감추지 못하기도 했다.) 아렌트는 1967년까지 시카고 대학에서 정치학 입문과 정치 이론, 기본적인 도덕적 명제들을 가르치는 정규 수업을 진행했다. 또한 예일, 코넬, 콜럼비아와 캘리포니아 대학에서도 칸트, 헤겔, 니체, 루소, 마르크스, 스피노자 그리고 고대 철학자들에 관한 강의나 세미나를 하느라 여러 도시를 오가며 한 해를 바쁘게 살았다. 1968년, 뉴욕의 뉴스쿨로부터 대학원의 종신 교수직을 제안받은 아렌트는 기쁜 마음으로 수락했다. 지난 몇 년간 그녀가 감수해야 했던 도시에서 도시로의 끊임없는 여행과 블뤼허와의 오랜 별거가 마침내 끝나는 순간이었다. 블뤼허와의 마지막 2년간 그들은 서로를 지켜주는 상대방의 든든한 벽 안에서 편안하고 행복한 시간을 함께 보낼 수 있었다.

아렌트는 7년 동안 새로운 책을 발표하지 않았다. 하나둘 사라져가는 친구와 우상들에 대한 짧고도 강렬한 묘사가 인상적인 『어두운 시대의 사람들』이 유일한 예외였다. 카를 야스퍼스, 발터 벤야민과 베르톨트 브레히트는 물론 이자크 디네센과 로자 룩셈부르크를 포함하고 있는 그녀의 "사람들"은 정치적·도덕적으로 재앙의 시기였던 20세기의 한복판을 살아가며 자신의 재능과 용기로 어두운 시대에 빛을 던진 인물들이었다. 이 시기 아렌트는 많은 책을 출간하지 못한 대신 마침내 발터 벤야민의 에세이 선집을 출판하는 데 성공했다. 1941년 블뤼허와 함께 미국으로 가져온 바로 그 원고들이었다.
선집 제목은 『깨달음(Illuminations)』으로 붙여졌다. 내용과 안성맞춤
인 제목이었다. (벤야민의 두 번째 에세이 선집인 『성찰(Reflections)』은 1978
년에 출간되었다.) 그녀는 각종 연설과 대학원 강의는 물론 〈더 뉴요커
〉와 〈뉴욕 리뷰 오브 북스〉에 실은 에세이들을 통해 자신이 『라헬 바
른하겐』의 집필 이후 초기 작품들에서 중요하게 다루었던 주제를 더
욱 정교하게 가다듬어 제시했다. 고대의 정치적 담론의 장과 그 필
요성에 비해 중요성이 덜 강조되고 있는 현대의 "사회적 영역" 사이
에 존재하는 사상적 자유의 차이가 바로 그것이다. 그녀는 자유로운
시민들이 포럼에 모여서 새로운 아이디어와 위대함의 전범들을 자
발적으로 제시하고 권리와 의무에 대해 공개 토론했던 고대와는 달
리, 현대사회에서는 사회적·물질적 복지와 관련된 문제가 사전에 이
미 결정되어 있기 때문에 사람들이 할 수 있는 활동은 기존의 재화
나 자원의 분배를 관리하는 데 국한된다고 보았다. 아렌트는 정치적
권리를 확보하기 위해 투쟁하는 가운데 자치라고 하는, 과거 전통으
로부터 결코 물려받을 수 없는, 완전히 새로운 개념을 발견한 미국의
건국 시조들을 바람직한 활동가의 전형으로 꼽았다. 그녀의 또 다른
관심사는 (반유대 정서가 강했던 독일에서처럼 인종적인 갈등 관계가 첨예
한 미국에서도) 정치적인 권리 추구가 개인의 고통을 초래할 수 있으
며, 특히 어린아이들이 가장 큰 피해자가 될 수 있다는 점을 알리는
것이었다.

"심리적인 관점에서 볼 때 아무도 자신을 원하지 않는 상황(전형

적인 사회적 곤경)은 노골적인 박해(전형적인 정치적 곤경)보다 훨씬 더 견디기 어렵다. 개인의 자부심과 결부되어 있기 때문이다. 이 경우 자부심이란 탄생의 순간부터 우리와 함께하며, 누가 가르쳐주지 않아도 저절로 알게 되는 자신의 정체성에 대한 감정을 의미한다."

그녀는 리틀록 지역과 다른 곳의 공립학교를 통합하는 문제에 관한 의견 교환을 위해 〈디센트〉에 보낸 편지에서 이렇게 언급했다. 젊은이들을 버림받은 부랑자 신세가 되도록 몰아가서는 절대로 안 된다는 것이 그녀의 생각이었다.

아렌트는 세상을 향한 자신의 소망을 "탄생성"이라는 개념에 담았다. 그녀는 모든 인간이 새롭게 거듭날 수 있는 능력인 '탄생성'을 갖고 태어났으며, 이런 엄청난 가능성이 완전히 구현될 때 '세상을 구하는 기적'이 일어난다고 생각했다.

"시작은 신과 같다. 그것이 사람들 속에 머무는 한, 모든 사람은 구원받을 수 있다."

그녀는 1971년에 80세 생일을 맞이한 하이데거에게 바치는 헌사에서 플라톤을 인용하며 이렇게 말했다. 아울러 아렌트는 자신의 사후에 출간된 마지막 저서 『정신의 삶』에서도 비감한 어조로 이렇게 썼다.

어딘지도 모르는 곳에서 왔다가 어딘지도 모르는 곳으로 사라지는 이 세상에서 실재와 외양은 일치한다 … 인간의 탄생과 소멸을 지켜보는 구경꾼의 관점에서 각 개인의 삶, 그들의 성장과 쇠퇴는

발육 과정과도 같다. 그 속에서 개별 존재는 자신의 능력을 완전히 발휘할 때까지 성장을 거듭한다. 그러다가 어느 순간 소위 개화나 개안의 시점에 도달하면 정체기가 시작되며, 다시 그 뒤에는 완전한 소멸로 끝나는 위축기가 이어진다.

말년의 아렌트는 인간의 영혼은 공적 무대에 출연하기 위해 태어났고, 서로 공유하는 세계 속에 있을 때 가장 빛난다고 결론을 내린 것처럼 보였다. 그녀에게 진정성이란 하이데거가 주장한 것처럼 시끄러운 현대성으로부터 존재의 고독 속으로 물러날 때 얻어지는 것도 아니었고, 그렇다고 해서 뒤로 물러나서 '무엇'에 대해 사유함이 없이 행동만을 요구하는 것도 아니었다. 그리고 그녀가 노후에 얘기하는 '무엇'이란 언제나 자신과는 다른 사람, 심지어는 생경한 사람의 관점까지 아우르는 것이었다.

"사유의 부재"는 아렌트가 자신의 책에서 아이히만이 저지른 범죄의 정체라고 밝힌 것으로, 그녀가 말년에 쓴 훌륭한 에세이들의 상당수는 이런 '사유'의 의미를 설명하는 것이었다. 사유는 고독 속에서만 형태를 갖추는 것이긴 하지만, 그때의 고독은 혼자만의 고독이 아님이 틀림없다. 먼저, 누구나 반드시 자기 자신과 대화를 나누며 생각해야 하고 자신과의 합의에 도달해야만 한다.

"자기 자신과 합의해야 한다는 원칙은 매우 오래된 것이다."

아렌트는 『과거와 미래 사이』에 수록된 에세이 「문화의 위기」에서 이렇게 적었다.

"사실 그런 원칙은 소크라테스에 의해 수립된 것이다. 플라톤이 정리한 대로 소크라테스의 중심 교의는 다음의 한 문장으로 요약될 수 있다. '나는 이 세상에 하나밖에 없다. 따라서 자신과 합의하지 못하는 것보다는 온 세상과 합의하지 않는 게 더 낫다.'"

사람들이 "자기 행동이 보편적인 법칙이 될 수 있다는 원칙" 아래 처신해야 한다는 생각, 즉 칸트의 정언명령도 "이성적 사유를 통해 자신과의 합의가 이루어졌다는 전제에 기초하는 것이다. 예를 들어 도둑은 스스로 모순에 빠질 수밖에 없다. 남의 재산을 훔치는 자신의 행동이 보편적인 법칙이 되기를 스스로 원하지 않기 때문이다. 만약 그런 보편적인 법칙이 존재한다면 도둑은 애써 훔쳐온 물건을 지킬 수 없게 될 것이다." 그녀는 이것을 "1인 2역"의 사유 방식이라고 불렀으며, 아이히만에게 가장 부족한 것이 바로 이런 사유 방식이라고 말했다.

두 번째 유형의 사유도 있었다. 그녀가 모든 건전한 판단의 토대로서 필요하다고 본 사유였다. "무엇"에 대해 알고 신중한 행동을 취하기 위해서는 무수히 많은 다른 사람들을 염두에 두고 생각해야만 한다. 그녀는 이렇게 적고 있다.

판단의 힘은 다른 사람과의 잠재적인 합의 가능성에 달려 있다. 무언가를 판단하기 위한 사유는 순수한 추론을 위한 사유처럼 나와 내 자신 사이의 대화가 아니다. 비록 결정은 홀로 하는 것이지만 그것은 항상 그리고 기본적으로 종국에 합의해야만 하는 다른 사람과의 예상되는 대화이다. 판단의 타당성은 이런 잠재적 합의 가능성으로부터 나온다. 이는 한편으로 그런 판단이 "주관적이고 개인적인 조건", 즉 각 개인을 다른 사람과 구별하는 고유의 특성으로부터 자유로워져야 함을 의미한다. 그런 개인의 특유한 성질은 개인적으로만 갖고 있는 의견의 경우에는 전혀 문제가 될 것이 없지만, 시장의 영역에서는 적절하지 않으며 공공의 영역에서는 일말의 타당성도 가질 수 없다.

아이히만은 이런 사유를 하지 못했다. 또한 아마도 사회적 통념을 무조건 옳다고 믿는 경향이 있거나, 그것을 거스를 생각은 꿈에서도 하지 못하는 대부분의 사람들도 그럴 것이다. 아이히만 재판 이후 아렌트는 그런 사유의 대가가 되었다.

사유의 무능력을 심각하게 생각한 말년의 아렌트에게 베트남전쟁 시대의 미국에서 벌어진 일련의 사건들은 큰 혼란과 우울감을 안겨주었다. 존 F. 케네디 대통령 암살과 그 후유증으로 인한 두려운 사건들의 전개(의혹만 남긴 워렌 위원회[2]의 조사 결과, 서로가 경쟁이라도 하듯 날마다 새롭게 제기되는 다양한 음모론들, 그리고 점점 더 과감해지는 정치 단체들의 거짓말)를 목격한 그녀는 선견지명이 있는 지식인답게 미국 정치에서 활발한 대중 참여와 정직한 담론의 시대가 종말을 맞이하고 있다는 두려운 예감을 갖게 되었다. 그녀는 살아생전 출간된 자

---

2 케네디 암살 사건의 진상을 조사한 위원회였다.

신의 책 중 마지막 두 권인 『폭력론(On Violence)』과 『공화국의 위기 (Crises of the Republic)』를 정부 권력과 정치적 거짓말에 대한 경고에 바쳤으며, 자신의 제자들과 함께 베트남전쟁과 이에 부분적으로 기여한 고등교육기관들의 군사 연구에 항의하기도 했다. 하지만 아렌트는 학생들이 대학 자체를 공격하는 것에 대해서는 분명히 선을 그었다. 그녀에 따르면 대학의 가장 큰 역할은 "진리의 피신처"였다. 그녀는 1967년 〈더 뉴요커〉에 게재한 「진실과 정치」에서 "사회·정치 권력에 의해 야기되는 온갖 종류의 위험들"에 노출되어 있는 대학이 진리의 피신처가 되기 위해서는 대중의 열정과 의견들로부터 보호막을 제공할 수 있어야 한다고 썼다. 그런 열정과 의견들이 일견 타당해 보일 때도 그것은 변함없다고 그녀는 생각했다. 이 시기에 아렌트는 하이데거와 정기적으로 편지를 주고받았다. 비록 글을 쓰는 동안 언뜻언뜻 하이데거가 1933년 대학 총장직에 있을 당시 그를 사로잡았던 끔찍한 열정들이 뇌리를 스치기도 했지만, 그녀는 일절 입 밖으로 내뱉지 않았다. 그녀는 더 이상 나치 시대에 대해 공개적으로 언급하지 않았다. 하지만 "아렌트 사상의 기초이자 그녀가 행한 모든 것의 원천"이 바로 "전통적인 정치사상을 와해"시켜버린 "전체주의라는 유례없는 사건"이었던 것처럼, 후기 저작의 기저에는 언제나 나치 시대로 인해 촉발된 "타자성"과 그릇된 판단에 대한 인식이 깔려 있다고, 아렌트가 뉴스쿨에서 가르친 제자 중 한 명인 제롬 콘은 회상했다.

학생들은 재능이 넘치고 박식한 데다 열정과 따뜻함까지 갖춘 그녀를 숭배했다. 하이데거가 그녀에게 그랬던 것처럼 아렌트는 학생들에게 지대한 영향을 미쳤다. 그들은 그녀가 어떻게 사유하는지 직접 목격할 수 있었다. 한 학생은 "그녀의 사유는 마치 쓰나미 같았다."라고 회상했다. 시카고와 뉴욕에 있는 그녀의 강의실은 공식적으로 등록한 학생들은 물론이고 이미 강의를 들었던 학생들과 방문 교수들, 그리고 칸트, 실존주의, 정치철학 혹은 의지의 역사에 대한 그녀의 이야기를 듣기 위해 먼 길을 달려온 지식인들로 언제나 붐볐다. 많은 사람들이 강의실 마룻바닥에 앉아 그녀의 강의를 들었고, 그들 중 상당수는 그녀가 "수줍고, 얌전하며, 이상할 정도로 연약"하다는 인상을 받았다. 아렌트는 지인들에게 "자신이 이 정도 관심을 받을 만한 사람인지 의아하다."라고 말했지만, 그녀는 특유의 흥과 재치, 열정과 방대한 지식은 물론이고 상식을 존중하고 자신이 어렵게 얻은 지혜를 타인에게 흔쾌히 나눠주는 태도로 인해 동시대의 가장 위대한 스승 중 한 명으로 자리매김했다.

공적 생활과 개인적 사유를 엄격하게 구분한 아렌트의 이론은 실제 그녀의 삶을 닮아 있었다. 그녀는 나이가 들수록 가까운 친구들을 더 자주 만나고 개인적인 시간도 더 많이 갖고 싶어했다. 아렌트는 특히 블뤼허와 둘이서만 보내는 시간을 소중하게 생각했다. 둘 다 수업으로부터 해방되는 여름이 돌아오면 아렌트와 블뤼허는 찌는 듯이 더운(그리고 1960년대 말에는 위험하고 혼란스럽기까지 했던) 도시를 벗어나 뉴욕주 패런빌의 오두막이나 알프스 산기슭에 위치한 스위스 테그나의 시원한 펜션으로 휴가를 떠났다. 때때로 메리 매카시와 그녀의 네 번째 남편인 제임스 웨스트, 안느 멘델스존, 에드너 브룩 부부, 그리고 블뤼허의 조수인 로버트 길버트 같은 지인들이 두 사람의 휴가지에 합류하기도 했다. 1967년이 되자 몸이 쇠약해진 아렌트와 블뤼허는 더 이상 1950년대에 매카시와 다른 사람들이 코드곶에서 개최했던 것과 같은 대규모 여름휴가 파티를 즐길 수 없게 되었다. 기껏해야 바젤의 야스퍼스나 메인에 사는 매카시를 조용히 방문하는 정도였다. 아렌트와 블뤼허는 뉴욕 허드슨강변에 있는 그들의 아파트에서 폴 틸리히와 한스 요나스 같은 오랜 벗들이나 W. H. 오든[3] 같은 새로운 벗들과 함께 보내는 유쾌한 저녁도 사랑했다. 아렌트는 아이히만 재판 이후 소원해졌던 요나스와의 관계를 회복하는 중이었다. W. H. 오든은 아렌트가 평소에 그의 시를 즐겨 암송하고 자신이 쓴 글에서 인용할 만큼 존경하던 시인으로, 그가 『인간의 조건』에 관한 생동감 넘치는 서평을 쓴 뒤 아렌트의 새로운 친구가 되었다. 아렌트는 아이히만 재판에 대한 자신의 최종적인 생각을 완곡하게 써내려간 「사유와 도덕적 고려 사항들」을 오든에게 바치기도 했다. 나중에 오든은 1970년에 미망인이 된 아렌트에게 청혼을 하기도 했다. 그녀는 "여생을 보살펴 달라는 부탁을 거절"하는 것에 대해서 상당히 미안한 감정을 가졌지만 결국 그의 청혼을 거절했다. 그녀가 오든과 알고 지낸 것은 10년 정도에 불과했고, 그의 집안일 솜씨는 악명이 높을 정도로 형편없었다.

---

3 1907~1973. 영국 시인으로 비트 세대에 영감을 주었다.

카를 야스퍼스는 1969년 2월, 86세로 눈을 감았다. 어떤 면에서 그는 아렌트가 유일하게 의지할 수 있었던 부모와 같은 존재였다. 파울과 마르타 아렌트처럼 일찍이 아렌트의 특별한 재능을 알아차린 야스퍼스는 전통적인 사고방식과는 완전히 궤를 달리하는 그녀의 생각에 대해 언제나 기꺼이 대화를 나눌 준비가 되어 있었고, 때로는 그녀의 설득을 받아들이기까지 했다.

"이제는 사람들이 당신의 말을 더 이상 이해하려 들지 않고 있소." 『예루살렘의 아이히만』 출간에 따른 후폭풍에 시달리던 그녀에게 그는 따뜻한 격려의 말을 건넸다. "멀리서 온 여인," 그는 계속 말을 이어 갔다. "그것이 요즘의 당신에게 어울리는 표현이오. 나는 이게 시작이라고 생각하오. 마음을 단단히 먹길 바라오."

그녀는 그의 추도식에서 추모 연설을 하기 위해 스위스 바젤로 날아갔다. 짧은 추모 연설의 주제(아렌트가 말년에 계속 다루었던 주제 중 하나였다.)는 외양의 중요성이었다.

"인간 존재의 본보기가 되는 인물이 종종 우리들 속에서 출현하곤 한다. 그들이 아니었다면 우리는 많은 것들을 단지 개념이나 아이디어로만 알고 있었을 것이다."

그녀는 10년 전에 그에 대해 이렇게 말하기도 했다.

"그의 온 존재가 빛을 추구하는 열정에 사로잡혀 있기 때문에 그는 숨겨진 빛의 보고로부터 한 줄기 불빛을 끌어와 어둠을 밝히는 존재가 될 수 있었다."

그녀는 그것이 얼마나 따라 하기 힘든 것인지를 잘 알고 있었다.

블뤼허는 1960년대 내내 병을 달고 살았다. 특히 의사가 동맥류 파열에 따른 "신경 증후군"이라고 진단한 병이 그의 심신을 괴롭혔다. 1961년에 같은 병으로 잠깐 동안 쓰러진 적이 있었던 블뤼허는 『예루살렘의 아이히만』 출간 이후 아렌트에게 퍼부어진 수많은 비난 때문에 상심과 분노에 시달린 나머지, 1963년 가을에 다시 병세가 급격하게 악화되었다.

"그가 없는 인생은 생각조차 할 수 없어."

아렌트는 그해 9월에 메리 매카시에게 보낸 편지에서 이렇게 말했다. 1968년 봄에 가벼운 심장마비를 수차례 겪은 블뤼허는 가을에 다시 강단에 복귀했고, 그해 12월에 바드에서 '신구 세대가 서로에 대해 부담하고 있는 의무'라는 주제로 마지막 강의를 했다.

"당신이 이 세상에 대해 어떤 생각을 갖고 있는지와 관계없이 당신을 이곳에 있게 해준 사람들을 존중해야 합니다." 그가 자신의 제자들을 향해 말했다. "괴물이란 존재하지 않습니다. 오직 인간이 만들어낸 괴물만이 있을 뿐입니다."

그의 발언은 "시대를 불문하고 항상 조급하게 변화를 추구하는 젊은이들에게, 세상은 생각보다 훨씬 더 복잡하다는 경고를 보내는 것"이었다고 당시 강의에 참석했던 한 학생은 기억했다. 블뤼허는 결국 1970년 10월 31일, 급성 심장마비로 숨을 거두었다.

"이제 나는 어떻게 살아야 하지?"

아렌트는 그녀와 슬픔을 함께 하기 위해 모여든 친구들에게 이렇게 물었다. 블뤼허는 유대인이 아니었지만 아렌트는 그의 장례식을 유대식으로 치러주고 싶어했다. 1913년 10월에 세상을 떠난 파울 아렌트를 위해 마르타도 그렇게 했기 때문이었다. 하지만 마르타의 바람과는 달리 블뤼허의 장례식은 뉴욕에 있는 초^超교파 예배당에서 거행되었고, 그의 시신은 바드에 안치되었다. 조문을 온 많은 친구와 학생들이 돌아간 뒤 아렌트는 홀로 남겨졌다.

그녀는 하이데거에게 블뤼허의 죽음에 관해 편지를 썼다.

아주 드물긴 하지만 때때로 두 사람 사이에서 하나의 세상이 생겨나서 자란다. 그러고는 그들만의 조국이 된다. 어떤 경우 그것은 그들이 기꺼이 인정하는 유일한 조국이 되기도 한다. 언제나 세상으로부터 도망쳐 안식을 얻을 수 있는 곳. 하지만 상대방이 사라지면 그 즉시 소멸되는 이 작은 세계 ⋯ 나는 그곳에 가만히 앉아 생각한다. 이제 이곳은 더 이상 존재하지 않는다.

그녀는 이스라엘과 화해했다.
"이제 나와 유대인들 사이의 전쟁은 끝이 났다."
1966년 히브리어 판 『예루살렘의 아이히만』이 출간되었을 때 야스퍼스에게 보낸 편지에서 이렇게 고백한 아렌트는 '6일 전쟁'[4]이 끝난 직후인 1967년에는 직접 이스라엘을 방문했다. 휘에르스트 부부와 에드너 브록은 가자와 헤브론을 포함한 몇몇 격전지로 아렌트를

---

4   1967년 6월 5일 이스라엘이 주변 아랍 국가들을 기습 공격을 감행해 제3차 중동전쟁이 발발했다. 이 전쟁은 개전 6일 만에 끝나 '6일 전쟁'으로 더 널리 알려져 있다.

데려갔다.

"그녀가 처음으로 백척간두에 놓인 이스라엘의 현실을 직접 확인하는 장면을 지켜보는 것은 매우 흥미로웠다. 하지만 아렌트는 이에 대해 글을 남기지는 않았다."

하지만 그들은 아렌트가 그날의 경험과 관련해서 메리 매카시에게 편지를 썼다는 사실은 알지 못했다.

"이스라엘에서 직접 목도한 참사는 다른 어떤 것보다도 내게 깊은 영향을 끼쳤다."

그녀는 블뤼허가 사망한 뒤 이스라엘을 다시 찾았다.

"그녀는 좀 더 애착심이 생긴 것 같았다. 비단 우리 가족에 대해서뿐만 아니라 유대인의 대의에 대해서도 그래 보였다."

브록은 당시의 아렌트를 이렇게 기억했다. 이스라엘에 있는 아렌트의 친척들도 그녀의 어머니처럼 끝끝내 블뤼허를 자신의 가족으로 받아들이지 못했다.

그들은 아렌트와 하이데거의 오랜 우정도 똑같이 인정하지 않았다. 그가 아렌트의 연인이라는 사실을 몰랐을 때도 변함없었다. 브록이 아렌트를 마지막으로 본 것은 1975년 독일 마르바흐에서였다. 아렌트는 그곳에서 야스퍼스를 기념하는 문집 발간을 추진하고 있었다. 그녀는 4주 동안 마르바흐에 머물렀다. 브록과 그녀의 남편은 프라이부르크로 가기 위해 기차역으로 향하는 아렌트를 배웅했다.

"그녀는 하이데거를 만나러 가는 중이었어요." 브록이 회상했다. "그래서 내가 그녀에게 꼭 그래야 되냐고 물었죠. 그녀는 이렇게 대답했어요. '요즘도 나는 작은 개구리 울음소리까지 들을 수 있어. 세상에는 남자보다 강한 것들이 있지.' 그게 내가 그녀로부터 들은 마지막 말이에요."

아렌트는 하이데거가 부쩍 나이 들었다는 것을 느꼈다. 그녀는 자신의 오랜 친구들이 갑작스레 나이를 먹어 가는 것만 같아 울적한 마음을 감출 수 없었다.

블뤼허처럼 한나 아렌트도 심장 발작으로 타계했다. 1975년 12월 4일의 일이었다. 그녀의 제자이자 친구였던 엘리자베스 영-브뤼엘은 살로 바론 부부와 함께 저녁 식사를 마친 아렌트가 "손님들에게 식후 커피를 따라주기 위해 거실 의자에 앉으려던 순간 그대로 주저앉듯 쓰러졌다."라고 그녀의 사망 순간을 기억했다. 의식을 잃은 아렌트는 끝내 다시 깨어나지 못했다. 그녀의 유골은 바드에 잠들어 있는 블뤼허 곁에 묻혔다. 생존 연도만 새긴 묘비석이 전부인 단출한 무덤이 그녀의 마지막 안식처였다.

12월 8일, 5년 전 블뤼허의 추도식이 열렸던 예배당에 두 대륙에서 온 3백 명의 조문객이 모여들었다.

"그녀의 눈길이 닿으면 모든 것이 다르게 보이기 시작했습니다." 한스 요나스는 추모사에서 이렇게 말했다. "사유는 그녀에게 열정 그 자체이자 도덕적 행위였습니다."

요나스는 계속해서 1924년 마르부르크에서 두 사람이 동료 학생으로 처음 만났을 때를 회상했다.

"수줍음이 많은 내성적인 성격에 매력적이고 아름다운 외모와 슬픈 눈망울을 가진 아렌트는 입학하자마자 '예외적이고' '특출한' 학생이 되었습니다 … 빛나는 지성의 소유자들이 바닷가의 모래처럼 많은 그곳에서 말이죠."

잠시 숨을 고른 그는 다시 추모사를 이어 나갔다.

"치열함, 분명한 방향성, 높은 지적 수준을 추구하는 본능, 본질에 대한 모색, 만족할 줄 모르는 탐구 정신이 마법사의 주문처럼 그녀를 놀라운 존재로 만들었습니다. 사람들은 그녀에게서 언제나 당당하게 살겠다는 결의와, 자신의 크나큰 나약함에도 불구하고 그런 결심을 반드시 실행하겠다는 강인함을 느낄 수 있었습니다. 아렌트는 진리는 쉽게 얻을 수 있다고 믿지 않았으며, 여건이 허락될 때 순간적으로 모습을 드러내는 진리의 단편을 놓치지 않기 위해 끊임없이 노력해야 한다고 믿었습니다. 그녀가 저지른 실수조차 평범한 철학자가 발견한 진리보다 더 가치 있었습니다."

요나스에 이어 추모사를 낭송한 로버트 로웰은 때로는 삭막하고 부정한 시대에 맞서 싸우기도 하면서 한평생 고단한 "지혜의 여행자"로 살아온 아렌트의 삶을 열렬히 칭송했으며, 에드너 브룩은 아렌트를 위해 "주여, 주는 대대에 우리의 거처가 되셨나이다."로 시작하는 시편 90편을 히브리어로 낭송했다. 마지막으로 연단에 오른 메리 매카시는 자신의 가장 친한 친구가 얼마나 매력적인 외모를 가진 존재인가를 사람들에게 일깨워줬다.

"그녀는 매우 아름다운 여인으로 만나는 사람들의 마음을 흔들어 놓을 만큼 매력이 넘쳤고 여성적이었습니다. 그녀의 손은 작고 고왔으며, 발목은 매력적이었고, 발은 우아했습니다."

아렌트의 두 눈은 무언가에 들떠 있을 때는 하늘의 별처럼 반짝거렸고, 깊은 생각에 잠길 때면 짙고 깊은 눈매로 바뀌었다. 이 수줍고 내성적인 여성에게 가장 인상적이었던 것은 "어떤 생각이나 감정, 예감 등이 떠오르면 놀라울 정도로 자연스럽게 그것에 몰입하는 능력"이었다. 그녀는 매카시가 유일하게 만나본 "사유하는 사람"이었다.

『어두운 시대의 사람들』에서 한나 아렌트는 그녀의 친구로 함께 나치 독일을 피해 미국으로 왔다가 먼저 세상을 떠난 발데마르 구리온의 굴곡 많고 특이했던 삶과 용기에 대해 언급한 바 있다. 마치 아렌트 자신에게 바치는 추모사 같은 글이었다.

"그는 정말로 보기 드문 이방인이었다. 그는 한평생 이방인으로 살았고, 사람들은 마치 그를 아무도 모르는 곳에서 온 사람처럼 생각했다. 하지만 그가 죽자 친구들은 마치 자신의 가족이라도 잃은 것처럼 슬픔을 감추지 못했다."

이 세상의 모든 사려 깊은 사람들이 한나 아렌트의 상실을 비통해한 이유는 적어도 부분적으로는 그녀가 자신의 위대한 저서들(『전체주의의 기원』, 『인간의 조건』, 『예루살렘의 아이히만』)을 포함한 거의 모든 저술에서 기꺼이 국외자의 시각으로 이 세상을 바라보았기 때문이다. 가장 어둡고 위험했던 시대에도 그녀는 언제나 이방인이기를 포기하지 않았다.

──────────────『한나 아렌트, 어두운 시대의 삶』 끝 ──────────────